中年後的心

記得這一生的美好和缺憾

目錄

推薦序

自我對話的小旅程

徐瑞娟／魅麗雜誌社社長

十年前，《魅麗》雜誌創刊時，大膽說出我們是做給四十熟女看的，想要顛覆大家對四十的印象和想像，當時我們想的是一個外表性感、內心感性的樣貌，追逐的社會和自我肯定。

直到政達來《魅麗》擔任編輯總監，我們才透過他的文字之美進入到內在心靈的世界，從追逐所謂的「肯定」，不管是外界或自己的認同，轉進到探索生命本質與生活哲學的路線。

很想藉政達新書問世之際，向他表達感謝之意，他開啟了一扇窗，讓《魅麗》看到每個生命故事背後的動人之處。每每我在政達的故事中落淚，心中隱隱作痛卻又能找到力量，走過大半人生後，也才能體會生命中每個發生；美好中仍有缺憾，缺憾中仍看見美好。

閱讀政達的文字，不能用理性腦袋去思維考量，不要著重在故事布局或結局，需要你靜靜的，像一場儀式般，跟著文字流動，是一場自我對話的小旅程，當你眼眶濕潤，那是你靈魂的觸動，請讓這種感覺多停留一下，生活中多一些感動的時刻，你的心會更柔軟，生活會更輕易呢！

提前長大的視野

羅智成／詩人

多年前，政達在我主編的「時代副刊」定期發表作品時，還是一個充滿銳利創意與才華的年輕創作者，熱愛電影、敏於當代思潮與種種藝文活動；在他介乎詩與扎記之間的作品裡，往往有著密度極高的思想或文字表達，令人印象深刻。

多年後再相遇時，他身上發散出某種未預期的成熟與滄桑之感，則讓我驚覺：對「逝者如斯」的時間，我總是不夠敏感、充滿輕忽。

但是我更未預期到的，應該是他這一本《中年後的心：記得這一生的美好和缺憾》了！

雖然作為資深文青的腔調還在，但是在書裡頭，他所探討的主題，以及議論的方式卻截然不同了！變得非常非常接近生活的現實，或未經文學筆法雕飾的某種生命本質——太接近了，我甚至覺得我應該不是他所預設的讀者——但是，（這本書提醒了我）我其實一直都應該是，只是不想知道，或忘記了！

在這本書當中，政達根據他個人的生活體驗、閱讀與觀察，廣泛探討了在人的一生中，特別是成熟、年齡漸長的下半生，不可避免的種種現象與議題，包括飲食男女、包括生老病死與別離。

他隨事起興，看似筆法閑散，卻又仔細架構出一套嚴謹的體例。每篇文章的開頭，都像是自問自答的設問：「這是一個選擇題」、「這是一個填充題」、「練習題」、「是非題」甚至「公投題」，然後再把這些文章，分別置「人」、「生」、「下」、「半」、「場」等五個篇章裡。從中，你可以看到他想把多年來的感觸與觀察體系化的企圖，更可以看到他透過一個「提前長大」的作者的視野，所看到跟想到的種種問題與心得。

為什麼我會想到「提前長大」這樣的比擬？因為政達提到的有些議題，

特別是切入的角度與表達的重點，聚焦於人類的平凡性與共同性才會凸顯出來的終極關懷：如何面對生命中的無奈？如何面對衰老？如何面對病痛？如何面對時間？面對死亡？甚至面對種種變遷之中的，我們的尷尬、窘迫與笨拙？在當代「現世人本主義」的氛圍下，這些發生在醫院、養老院或各個被刻意迴避的生命現場的情境，往往被急於追求、急於享受或精疲力竭於應付當下生活的，都會中產階級大眾盡量往後拖延、不想面對。

也因為這樣，這本書自始就帶著濃濃的哲學趣味甚至宗教性格，因為它會不停地讓我們意識到生命的脆弱、有限、自身能力的不足，而迫使我們改變自己的態度、慣性思維或一廂情願的期待，朝著某種沉默，卻無所遁逃、巨大無比的真相靠近。

另外，「提前長大」也反襯出比政達年長，卻始終「迴避長大」的我，在這本書裡頭所受到的震懾與教訓。

政達本質上是人文作家，進入中老年人現實生活駁雜的場域。在彼，人類的雄心、創意已經褪色，只有細瑣卻實際的問題纏身：中年轉業、女性未婚、年金改革、銀髮消費、長照、插管、遺囑，甚至是一些女性獨有、切身的問題，他也能娓娓道來，像一個充滿理解與關懷的長者；但他不滯留在個別、特定的問題上，不去做詳細報導，也不做艱澀討論。在他的字裡行間裡，最引人注意的是來自電影的典故、對白，心理學上的概念以及各式閱讀裡的心得，而非數據或資訊。他提供思索的契機與線索，卻不給定答案。

這是因為在每一個人的生命裡，每一個情境都是獨一無二的，都是艱困難解甚至無解的，我們沒有辦法給他們完美的建議，也拒絕提供廉價的處方；唯一能做的，也許就是透過「提前長大」，為讀者或其他人提前去體驗、思考與傳達吧！

在他要出版的這本書裡，我似乎找到了之前的政達和之後的他，差異如此巨大的線索了！

代序

努力做個圓滿的人

呂政達

剛從王行的告別式回來。

王行是東吳大學社工系的教授，回想十年前，我和他在輔大心理系博士班的課堂相遇，他雖已在大學任教，卻在中年後才回學校念博士，把學歷補齊。沒有預料到的是命運的安排，距離他拿到博士學位也不過短短幾年，王行就因一場突如其來的病而離開人世。

沒有人知道，也沒有人期待這樣的結局，縱使王行回學校讀博士時，已過中年，他自己也萬萬沒有為自己的離世做好準備。讀書時，那些讀過的，劃過紅線的原文書，那些繳交過的報告，同時傷害腦力和視力的文件，也隨著王行的離去，顯得如此的徒勞無功。

告別式在台北市新生南路的聖家堂舉行，正午的大熱天，一座教堂內滿滿都是人，神父在講壇證道，有人高唱聖詠，播放王行生前的談話錄影。我站在最後頭的人群內，追悼我所認識的這名同學，然則，死亡會奪走王行擁有過的一切，宣告他所做過的那些努力，都將失去了意義嗎？

生前，王行就是個個性人格圓融的人，他對同輩如此，對親友也是如此。在宋文里老師的「文化心理學」，宋老師要我們找一些中文字來談文化的起源和意涵，王行講的就是他名字中的「行」字，他說，這是鳥留在土地上的足跡，用鳥的足跡來講這個「行」，鳥就是努力行向前的，這樣說著的王行已過中年，也許，他描繪著一幅中年族群仍僕僕前行的圖像。

中年，或者更老以後，當然不一定代表著歸隱和休息，就算無常寂滅現前，就算不知道何時死亡會落在自己眼前，仍然要努力的做一個更圓滿的人，仍然，要一程一程的往前行去。

我也想起了齊柏林，五十二歲，就在花蓮墜機身亡，死去兩天前，他還在記者會上宣布《看見台灣第二集》的拍攝計畫，死前那一刻，當思緒停止了轉動，齊柏林自己也絕對沒有料到這樣的結束。他看見了台灣的好山好水，卻沒能看見自己的結局，其實，我們不都是這樣的嗎？

齊柏林也是一個人格圓融的人，他的熱情感動過許多人，願意伸手來幫助他，那種願意得來不易，在中年後我們才知道，必須用一生一世來追求。

五十出頭或是正邁進六十歲的英年，王行還在想著下一個學期的教學計畫，齊柏林的生命更是諷刺，有沒有想過，五十歲已過的你在做著什麼？在關心著什麼？

佛法說的，如是因，如是果，每個生命的降臨和結束都是一大事因緣，那麼，無論活到那個歲數，無論做人處事，我們都要努力的，努力的讓自己成為一個更圓滿的人。像希臘的蘇格拉底，死前還想學吹笛子，像佛陀在圓寂前，還好奇地想知道一種植物的屬性。

這本《中年後的心：這一生的美好和缺憾》就植基於這樣的努力心情，在生命落幕前，我們都還有值得努力的事物和理由。書中的五十八個習題遍及人際關係、生命目標和身體的對待，你可以匆匆地看過去，當然，也可以一道一道習題的認真做去，希望每個功課都引發你對生命的思索，最後，讓我們一起邁向做一個更圓滿的人。

圓滿，是永無盡頭的追求，也許，生命本身就是一種缺憾，但圓滿是一個心態和人格的完成，有了圓滿當作人生目標，我們就能一路前行。

最後，我想起了愛爾蘭詩人葉慈〈在學童中間〉最後一段詩句：

辛勞本身也就是開花、舞蹈，
只要軀體不取悅靈魂而自殘，
美也並不產生於抱憾的懊惱，

迷糊的智慧也不出於燈昏夜闌。
栗樹啊，根柢雄壯的花魁花寶，
你是葉子嗎，花朵嗎，還是株干？
隨音樂搖曳的身體啊，灼亮的眼神！
我們怎能區分舞蹈與跳舞人？

中年後的心，是記得一切的美好和缺憾，是辛棄疾的「回首向來蕭瑟處，歸去，也無風雨也無晴。」

前言

讓將一半

突然從中年的想像中驚醒，外頭昏黑，有一場春天的冷冷的雨。

突然在人生的中途，一個何處是歸程，長亭更短亭的空虛感，突然想來番輕描淡寫的講每個人的人生故事。人生過一半了，佛陀已在菩提樹下冥思，吠陀已進入林中歸隱，但現在一枚落日在都市的上空注視我們，始終不得閒的人間。

但你有你的故事吧，你的筆正從思念中解凍、流出。千言萬句，越不去想，就越要躍入眼簾，像夜色淹上心頭，是李密庵的〈半半歌〉，佛和道家對中國文人生命史觀的影響。「心情半佛半神仙，姓字半藏半顯，一半還之天地，一半讓將人間，半思後代與桑田，半想閻羅怎見。」

以前的文人平均壽命較短，過了三、四十歲若求道心切，自然會有「一半人間，一半天地」的「半半念頭」，不如歸隱山林田園，房舍半掩，時聞雞鳴狗吠，所以李密庵才會寫道：「半少卻饒滋味，半多反厭糾纏，自來苦樂半相參，會占便宜祗半。」現代的人卻儘糾纏在半多與半少之間，求的是「半多」之樂而非「半少」之味，常常在過了「一半的歲數」以後，午夜驚醒，想著「閻羅怎見」？

曹雪芹的《紅樓夢》，其實就是一部「半多」與「半少」的人間辯證錄。最後透過瘋道人的嘴跟甄士隱說：「你若聽見『好了』二字，便算你明白。可知世上萬般，『好』便是『了』，『了』便是『好』。若不了，便不好；若要好，便要了。」逼出甄士隱這番神遊太虛一趟的「了」便是：「無非與人作嫁衣裳。」人間一遭，落得把他鄉當故鄉，許多這世的虔誠的教徒，無非就是「了」了此事：原鄉在他世而非此世，此世永遠只是寄居。

我們這一代的人，已經過了一半的人生，究竟屬於「好」或「了」的那一半？

人生過去一半了，還有一半你想做些什麼？求道、求財還是求身心的解脫兩忘？就且歸進那冷冷的一半，冷冷的雨淋在人間。

第一類

人

我最親愛的人

情緒勒索潛規則

這是一則選擇題：你當然聽過情緒勒索，說不定也深受其害，在這些勒索的語言中，哪些是你曾被講，或者自己也講過的：

一、你很不孝。
二、你一點也不在乎我。
三、我這麼愛你，你卻做出讓我傷心的事。
四、我都是為你好，你知不知道？

好像有項統計說，以前當父母和孩子吵架，到不可開交的時候，最常脫口而出的一句話是「你真不孝」。

我為此訪問了一名四十多歲，父親早逝，還跟媽媽住在一起的女兒，據她表示，她的朋友同學裡面，幾乎每個人都被媽媽說過不孝。媽媽數說起勁：「我在妳身上花了最多的錢，表示我最愛妳。」每次吵架，女兒就躲進浴室，嘴邊卻嘟囔著：「妳為我花最多的錢，又不表示妳最愛我。」我則認為，這種最常見的情緒勒索，當然和孝不孝順沒有關係，比較接近權力的語言，好像這個媽媽用生氣的語言在說著內心的獨白：「在這個家裡面，妳別誤會了，我當然還是老大。」

情緒勒索，最常發生在親密關係中，圍繞著負面情緒的表達，這個公式如下：如果他那麼在乎我，如果他真的喜歡我，我的要求他一定會接受。內心的潛規則其實是，用傷心、憤怒和情緒來操控對方，達到我的願望。

當我們年輕時，遇上父母或是親密伴侶的情緒勒索，反應往往是討好、屈從或是接受對方的要求，但我們自己的感覺是不好的，就好像真的被抓住了小辮子，如果對方想要控制我們，就來上這麼一招。

等到我們年紀漸長，小孩也長大了，權威的位置易位，發現自己講的話，晚輩也不再那麼地在意時，我們自己也變成了發出情緒勒索的人。這時，年長者變成了年輕一輩的情緒壓力，如此循環重演。

其實，情緒勒索會一直的存在，因為它既廉價，有時也頗管用，年輕時，我們不想讓父母親生氣難過，會有人勸你：「你就讓著他，少說兩句嘛。」有一天，當你聽見晚輩也這樣的耳語時，你應該相信，也是改變的時候了。負面情緒非常難以對付，因為我們過於重視「勒索」，卻往往忽略了負面情緒的表達。

但是，活到幾歲，情緒這門課才可以學到圓融婉轉呢？不要每次有了負面情緒就像是武俠小說中的七傷拳，每次就都要傷人，也傷到自己的經脈。EQ是四五級生在青年時期的通用迷思，到了後來的「管理怒氣」、「好好鬧情緒」各種說法應有盡有，最近有個六十多歲的學長就問我，「你是學心理學的，請問我到底應該好脾氣還是應該鬧脾氣？」我想了想，只好跟他說，已經活到這個歲數了，我們就「做自己」囉。

歲月追上同學會

這是一則選擇題：你去過同學會嗎？高中還是大專的同學會，已經離你多遠了呢？隨著歲月消逝，你參加同學會的感受是什麼呢？

一、興奮，又可以見到一起長大、作夢的老同學了。
二、冷漠，還不是一些長不大的內心小孩在那邊比人生的分數。
三、畢業就畢業了，我從不參加同學會。
四、感傷，現在的同學會都快變成告別式了。

每隔十年、二十年或三十年參加同學會，據說會有不同的生命感受。但電影《大寒》中那種昔日老同學乾柴燃烈火的情節，應屬少見。

有名四十多歲的女生說她去過幾次同學會，一開始大家團團坐，問同樣的問題，問過一輪後，她還沒有結婚的身分就變成異類，下次眾人見到她就問，為什麼還沒有結婚。她說，後來她就不再去參加多數人都已結婚的同學會。

同學會也會重現你高中、大學的情況，本來大家還有模有樣地坐在一起，很快的，高中時候熟絡的小圈圈恢復記憶，小圈圈照常還是小圈圈。但是，如果能夠打破過去的僵硬，在中年後重新省視現在的人際關係，在同一個似曾相識的同學圈間找到新的火花，在老同學身上發現更多的意義，這才是開同學會的真正價值。

最怕聽到的是當年的暗戀對象一點也沒有認出妳，等到妳報出名字後，又故作熱絡的說一聲：「啊，妳一點也沒有變。」沒有，請他仔細看清楚，妳變老了，但妳也變漂亮了。

另一種讓人害怕的是當年埋下了時空膠囊，約定十年後要挖起來一起閱讀，在十年的同學會後又一起埋了新的時空膠囊進士，又做了十年的約定。「讀自己十年前、三十年前許下的願望，其實是很感傷的一件事，中年以後，當年的未來許願就變成了殘酷的事實。」終於在他們三十年的同學會上，從全班三十幾個人捱到只剩下不到個位數來到的同學會，又有人提議要埋時空膠囊，她說：「我只剩下一個願望：天下太平。」

也有人懷念同學會變成癮，五十幾歲的黃君為同學會訂製制服，不是拿舊制服來考驗自己瘦身減肥的成果，而是給每個人訂製新的高中制服，還繡上學號和姓名，每天發信給同學倒數計時。那場在宜蘭礁溪溫泉辦的同學會，謝絕攜眷參加，重現當年這一班都是男生的場，但是，當年一起做過的那些瘋狂的夢，還是一樣嗎？

中年以後，偶而會強烈的懷念起高中或大學同學，那是正常的。渴望看到當年年輕的臉孔一起長皺紋、一起變老，老讓人覺得生疏又安慰，覺得自己跟自己的過去還有著某種連結，覺得老去總算不是一個人的事。

從怨偶到願偶

這是一則選擇題：如果你們是一對多年怨偶，你期待進到中年後，你們的關係會如何變化？

一、繼續怨下去。

二、乾脆離婚。

三、有可能變好，就靠有沒有心。

在回想裡頭，年輕的時候為什麼步上紅毯，諸多的心理感受，可能早就被後來的柴米油鹽所埋沒，如果在中年後總結成一個整體的感受，就叫做「怨」。怨些什麼？已難說清楚，套句薩提爾婚姻諮商的話就是：如果你真的愛我，為什麼不懂我的心？

在怨的氛圍裡頭，多年的婚姻多半埋藏多條線頭，隨便一抽，就是一長串的故事。歌手李宗盛有首歌唱道：「我只見過那合久必分的，沒見過那分久必合的。」所以，多年的怨偶終於勞燕分飛也好像是給中年人寫好的一個篇章。但長久的婚姻關係，當然不會只變成單行道。

讓我來分享一個中年婚姻的故事。年輕時候他們奉子結婚，丈夫一開始就明白告訴妻子，她不是他最愛的人，但妻子是典型的小女人，不哭不鬧，只想守著這樁婚姻。她也會怨，怨一個丈夫長年在中國發展不在母子身邊，丈夫則怨，當他努力衝事業時，妻子不願意來上海。進入中年前的那段歲月，丈夫的角色是賺麵包的人，妻子的怨懟則用時好時壞的憂鬱症表達出來。

這對怨偶的黃金歲月卻發生在兒子的青春期後，當兒子和母親出現了嚴重的親子衝突後，父親知道他不能再在這個家庭缺席，返回台灣發展，開始重新學習家庭角色的課題。這個過程，當然沒有我們講得如此簡單，丈夫和妻子重新檢視他們對彼此的需求，發展出新的依存關係，每個家庭的成員在他們的人生藍圖內，都要記得把對方放進來。父親說：「這個時候回到家庭，好像有點晚了，卻在除了事業之外，讓我們的中年有了新的願景。」這對夫妻的心得是，有怨是免不了的，但關鍵應該是一起來面對怨。那年，正是他們的兒子上高三要考大學的時候。

依據薩提爾在聯合家庭治療的研究，在衝突情境中，人容易出現五種應變的模式。這五種模式分別是：指責型（blamer）；討好型（placater）；超理智型（super reasonable/computer）；打岔型（irrelevant/mascot）和一致型（congruent）。這五種類型交叉出現在夫妻和親子之間，形成非常戲劇化的組合，像是明明最討厭父親性格的女兒，卻嫁給了一模一樣的丈夫。進到中年，這五種類型都會演變成某種人格的障礙，情緒勒索就是司空見慣的戲碼。

但是，就說是感謝年紀的發酵吧，多了時間的歷練和人情冷暖的經歷，中年後才知道心裡面有一個家的好處。我還是見到伴侶，願意解開多年的怨結，每個怨都不是死結，都只是更多心事的線頭。

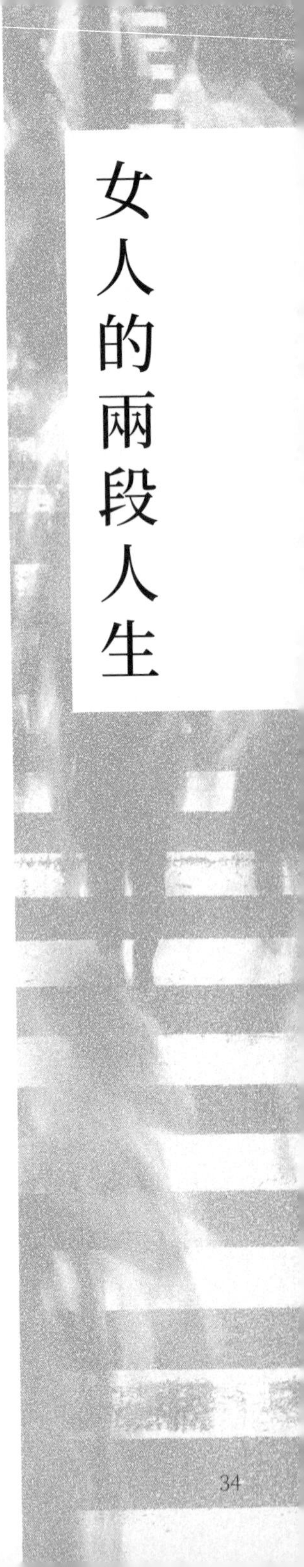

女人的兩段人生

這是一則選擇題：如果妳是名已婚多年的妻子，請妳對婚姻、真愛和心動間做一個選擇。

一、雖然我已結婚了，遇見心動的男人，我還是會想跟著他去。

二、婚姻象徵著忠誠和誓約，縱然有更適合我的男人出現，我也僅止於欣賞。

三、對不起，我不回答假設性的問題。

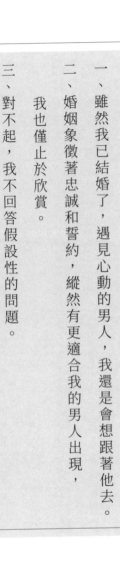

著名的台灣婚姻諮商專家曾說過，常有女性準備步入結婚殿堂，來問她的意見，有一個問題常常會被提到，「我真的要和這個男人結婚嗎？」這時，諮商專家會反問，「那妳保證結了婚以後不會後悔嗎？」

諮商專家透露，聽到這樣的反問，女性往往會陷進無言以對的沉思。婚後，或是覺得自己的感情世界穩定下來，孩子也長大了，又遇到了心動的男人，攪動的，將會是女人的兩段人生，一段是她現在所習慣的柴米油鹽，另一段是她所想像的，當某個抉擇的時刻來臨，她覺得那個改變會讓她的生命變得更有意義，讓日漸平凡的生命又有機會找到真愛。

《深夜食堂》第一季的最後一集，提及女人的選擇。當年相愛的兩人錯過了彼此，女人現在是煎餃店的老闆娘，男人相約女人出走，最後，卻是丈夫和前妻的女兒用貼心感動了她，讓她選擇留下來。

還有，在上個世紀九十年代風行一時的《麥迪遜之橋》，也曾讓女性觀眾引發共鳴，這些丈夫都是根植土地的人，突然闖進來的情人像是昔日的夢想，那麼，女人該如何選擇呢？

在《麥迪遜之橋》書裡和電影中，法蘭西絲卡說過一段可以代表女人和婚姻的心聲：「有一件事男人永遠不會懂。婚後的女人，一方面生命成長了、一方面生命停止了。她被鎖進瑣碎的人生，把自己的需要放在一邊，為的是滿足家人的需要，讓孩子成長。等家人離家或死亡，帶走了一切，女人不知該怎樣重新開始生活，她早已忘記自己要什麼，從沒人問她，她也從不曾問自己。她從不曾想過，原來她還可以碰到如此美妙的愛情。」更讓人心動的一句話出自攝影師情人之口：「這麼確定的感覺，一輩子只有一回。」但是，書的結尾家庭主婦卻選擇了回到婚姻。最後，是最靠近土地的男人贏過了漂泊的靈魂。

當年，這部小說和電影引發了熱烈的討論，許多女性觀眾認為，法蘭西絲卡回到婚姻的選擇是正確的，因為如果她又結婚了，她的第二段人生也許還會跟第一段一樣，也許，想像中的愛情才是最甜蜜的。但是，我們且將選擇當成一個開放的結局，想像著，一個女人要將什麼鎖進她的生命？

熟年婚姻重開機

這是一則選擇題：你聽過「熟年離婚」嗎？你自己的熟年婚姻呢？

一、對我不是問題，我永遠相信執子之手，與子偕老。

二、悄悄告訴你，我確實有過這個念頭。

三、我覺得老年要面對許多難題，需要有人共同攜手度過。

四、對的，我就是這句話的奉行者。

「熟年離婚」是從日本傳過來的名詞，當年的那齣日劇反映出日本的社會風潮。劇中的豐原幸太郎工作了一輩子，終於等到退休的日子，想不到在退休當日的慶功宴上，妻子卻宣告要跟他離婚。這個戲劇性的時刻，反映出日本工作世代忽略婚姻的實況，那個忍受多年的妻子終於決定尋求獨立，當然，現代社會的日本妻子們有了比上個世代更好的經濟能力，對熟年後想要過什麼樣的日子，可以更有主張。

有人認為，願意在不適當的婚姻裡忍氣吞聲，是為了孩子。我覺得還有一種可能性，當妻子以孩子的媽和丈夫的宿舍管理員的身分一起生活了幾十年，隨之而來的「空巢症候群」，會使悶了許久的妻子急於掙脫婚姻，向外尋找新鮮空氣，也促成了兩個人的分離。

曾經有一個心理學實驗，把一對夫妻放在一個什麼都沒有的房間，結果過不了一天，已經沒有話題，又沒有辦法出去的夫妻就開始找題目吵架，但怎麼吵也改變不了他們的處境啊，當他們終於走出來後，會更加體會錢鍾書說的那句：「婚姻是一座圍城。」

熟年的婚姻，如果沒有維持現狀的強大力量，就很像把兩個老夫妻放在一個感官剝奪的房間，當孩子的成長不再是維繫的強大力量，套句連續劇常出現的台詞就是：「孩子翅膀長硬了，就會自己飛走了。」有些老夫老妻，平常除了孩子以外，再也沒有共同話題，等到這一天，孩子有了自己的婚姻，這對老夫妻也就真的「無話可說」了。

維持現狀，有時是已經習慣這個生活的模式，習慣一起報稅，知道對方愛吃的口味，也可以忍受對方所有的不良習慣，如丈夫的臭襪子和太太總是多一雙的高跟鞋，習慣讓他們在熟年以後還是選擇在一起，雖然分離的危機還是存在的。

我想起幾年前，我認識的一對夫妻在近中年期時，發生一段曲折的故事。那名丈夫在業界小有名氣，後來和他的秘書有了感情，妻子知道了這件事，曾經想跟丈夫分手，但她選擇一個人去西門町走了一夜，回家後打了丈夫一巴掌，選擇跟丈夫重新開機。

或許，把熟年婚姻面臨的種種危機和情況當作重新開機，看事情的角度也就不一樣了。

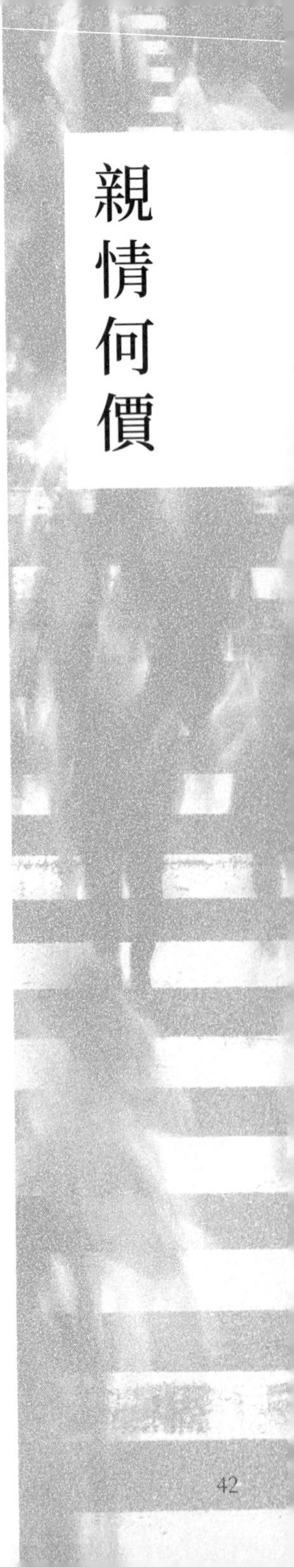

親情何價

這是一則填充題：

二〇一七年一月，新竹有位單親媽媽撫養兩個孩子當上牙醫，當年她跟孩子簽下契約，規定孩子成為牙醫後必須支付一筆錢，當作她的養老費用，後來這件事上了法院，法官判決契約有效。如果妳也是一名撫養孩子長大的老媽，妳計算、想像過一名孩子從出生到上大學的費用總數是＿＿＿＿。

這則新聞有許多的解讀面向，後來那個爸爸有跳出來，解釋說這名老媽比較沒有安全感，其實孩子們都有給錢。一般人的意見則是，母親撫養孩子，將孩子栽培長大，難道真的可以用錢來計算嗎？

但是，給什麼東西一個量化的標準，就是我們社會最熟知的氣氛，曾經有人說過，萬物皆有價。我們不會真的這樣來計算親情，但還有種聲音說現在孩子生得少，是因為養不起，那不也是一種量化的說法嗎？

過去我們說，撫養孩子念到大學，就算了了親情責任，現在，許多成人卻仍過著青少年的延長歲月，住在原生家庭花父母的錢，甚至要爸媽給他們創業基金或買房子的第一筆貸款，所以對孩子的負擔，現在也延長到進入中老年人的父母身上，也許有些人不喜歡將親情換算成金錢幣值，但就當作一個有趣的問題自己放在心裡想想，這個已經進入下半場的人生，作為老爸或老媽的你，為孩子付出了多少錢？如果說你這輩子賺進的總數是一千萬，其中有多少比例花在孩子身上？有多少是留給自己的？

經濟和親情的對照關係，當然和時代及生長環境有關。如果是生長在七世紀日本信州的嚴寒窮村，也就是作家深澤七郎寫的《楢山節考》的時空背景，當地流傳的換姥山傳奇是，因為糧食不夠吃，當地的人活到七十歲就由兒子背著丟棄到深山裡。小說裡的阿玲婆已經六十九歲了，牙齒仍然硬朗，卻被孫兒嫌棄為鬼婆婆，牙齒好就表示胃口好，會消耗糧食。於是，阿玲婆自己敲斷牙齒，還要兒子辰平提前將她背上山。小說裡最動人的一幕當然是，辰平小時候抱怨爸爸不早點把奶奶背上山，等到輪到由他背自己的媽媽上山時，卻是萬般的延遲，非常的不捨，這時，當然已經遲了，他總算理解了自己爸爸當年的心情。

從小說回過頭來看台灣的這則新聞，外面的人應該看不透的親情糾葛，卻要等自己進到了父母的角色，才總算有了點頭緒。當我們計算著這輩子花在孩子身上的金錢，以及自己可以得到的回報，覺得這真是項賠本的生意時，回過頭那小說裡辰平的心情總會浮現上來。

老爸爸和大女兒

這是一則問答題：

泰國有個廣告這樣說，有一名老爸爸用反悔的聲調說，他對不起女兒，因為女兒小時候爸爸從不做家事，讓女兒長大後以為只有女人才要做家事，沒有立定傳統性別角色外的志向。如果你也是有女初長成的老爸，對這樣的廣告，你做何感想？

加拿大心理學家所做的研究，也和這則廣告得到一樣的結論。反過來是這樣說的：當女兒小時候親眼看到爸爸會做家事，潛意識中，她就知道不是只有女人才注定要待在家裡，長大後，雖然不一定，她卻可以擁有更多的生命選擇。讓我們想像這樣的畫面，一個拿著煎鏟的父親身旁，站著拿聽診器或顯微鏡的大女兒。

通常，當然也不一定會發生啦，女兒進入反叛期後，或者選擇了和父母期望不一樣的方向，會和家裡發生衝突。家裡，那個老爸爸的形象通常不會多說些什麼話，他就只是坐在客廳書房或任何角落，卻發揮著他的影響力。早一代日式教育的老爸爸就像鋼版畫那般的剛硬，到了最近的世代，老爸爸們常反省，女兒年輕時沒能跟她們多講一些話，沒有多讓女兒了解一點老爸爸的關心。

但是，許多老男人退休後開始在家裡幫忙做家事，星期天，跟老婆和女兒到菜市買菜，他也會提供意見。我那天從市場回家路上，就聽見一名父親跟三十多歲的女兒講著他以前吃過的烤鴨做法，女兒說：「爸爸，我回家做給你吃。」中年以後，男人跟女兒和家人建立了一層新的關係，我念博士班時的同學靜中，曾經分享她爸爸生病後，她從負責照顧爸爸到與爸爸分享心事的過程，過去，這對父女並不親，但各自的年歲經歷讓他們越走越靠近。「我爸爸臨死前才鼓起勇氣跟我說，他有個心願是要跟我說，他很抱歉，小時候對子女很兇，還打了我。」我問靜中，小時候她爸爸會做家事嗎？「當然，我們最喜歡吃爸爸做的炸醬麵。」

這樣的現實情節，就像是亨利方達和珍芳達這對父女演的電影《金池塘》，老爸爸和曾經叛逆的女兒在各自步入暮年和中年時，達成了心靈的和解契合。早年的吵架和反叛，抵不上親情的招喚，就像是池塘邊的候鳥歸來。關於親情，老男人不要太早下定論，覺得什麼都是不能改變的，如果年輕時你曾經遠離過女兒，如果還想再多做點什麼。

老爸爸心中存著一份期望，女兒走到多遠還是會回來。女兒心中也有一份不捨，再多麼親的父女最後還是得走向告別。

老媽媽的存摺

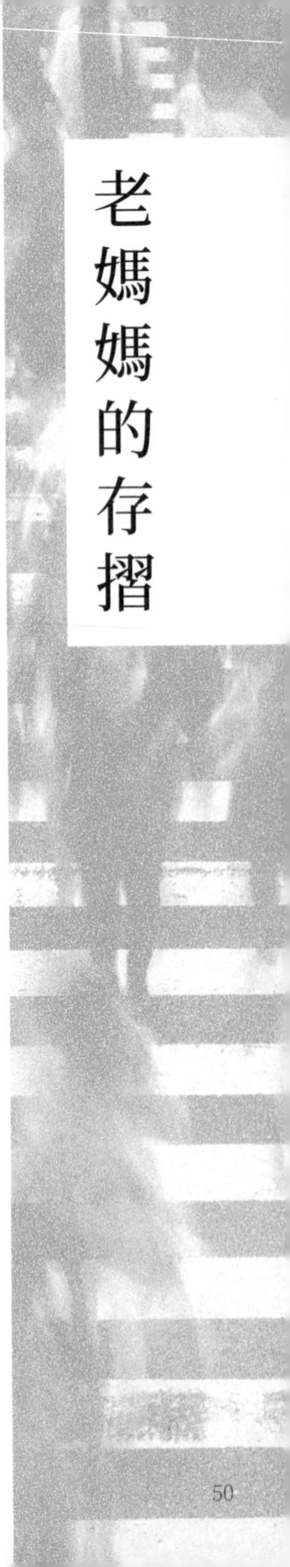

這是一則練習題：

想像除了銀行存摺外，你有一本心靈的存摺，記載著你對自己、對家人、對孩子和人間所有讓你關心的項目，請問，在這本存摺裡，你會放進什麼呢？你要做哪些努力，讓存摺不會出現赤字？

賴呂選女士和台中一中的師生，將近十五年的情誼，是台灣人最美麗的風景，也是一名步入暮年的老媽媽，最好的慰藉。

當年，桃芝颱風奪走賴呂選的三個親人，就讀台中一中的孫子也走了，台中一中的師生發起募款，負起照顧老媽媽的責任，於是，賴呂選就成為台中一中全校師生的老媽媽，逢年過節，校長和同學都來探望老媽媽，老媽媽一年一年的老去，孩子則一代一代的圍過來，我們沒能讀到關於這位老媽媽更多的心事，她是不是曾在哪位同學身上，見到自己孫子的影子？

他們互相關懷，培養出家人般的情感。早期的同學後來結婚生子，組了自己的家庭，還會帶著自己的孩子來探望老媽媽。老媽媽在颱風中失去了一名孫子，卻得到了一整個學校的孩子的心。如果真的有一本她的存摺，那裡面存的絕對不僅僅是金錢。

我們也還記得高雄的莊朱玉女，她賣掉自己的房子，也堅持要做十元自助餐的生意，讓附近的窮人家都有飽餐的機會，這真是一名老媽媽的愛心，當莊朱玉女以高齡去世後，幾千人來為她送最後一程，有人難過的落下淚來。後來，還曾經有人提議，要將她的肖像作為十元硬幣的圖案。從慈愛的典範來看，是一個很好的建議。

每個媽媽都有一本存摺，不是存著實質的金錢數目，也存著對兒女的關心，和從母性出發對人間的愛。從孩子出生那一刻開始，存摺就開始記錄，不管孩子多大了，飛得多遠了，永遠是媽媽心目中的孩子，老媽媽的關心，每一句叮嚀，都存進了存摺內。

如果是妳，妳也是名媽媽，妳也保藏著一本存摺，哪些項目是妳想列進去的呢？妳對別人的好，也許應該存在別人的存摺裡，不妨，讓我們的存摺裡，一筆一筆的，紀錄上別人對我們的好，每本心靈中的存摺，都見證著人間的美好風景。

有名七十多歲的老媽媽告訴我，她為每個孩子準備了一本存摺，從讀書的基金到股票收入，後來房地產登記時，她也把自己名下的土地轉登記給四名兒女，這四本存摺就像是她和四名子女的關係的紀錄史，資金的出入都有著詳實的登載。雖然沒有說出口，我想跟這位老媽媽說，那四本心裡面的存摺，她的兒女都收到了。

相逢老食堂

這是一則簡答題：

如果你自覺上了年紀，請問你常去的餐廳裡，最老的建於哪個年代？如果你覺得自己還年輕，會常去比自己年紀還老的食堂嗎？為了什麼，氣氛還是味道？

台北舊城區台灣省城隍廟旁的巷子，有一家日據時代就開到現在的日本料理店，雖然幾經改裝，仍以賣著關東煮聞名。我去這家老餐廳，常看到上了年紀的老人家獨自來點幾味關東煮，有時店內滿座，還要併桌，原桌的客人也是一對老夫妻，同樣也叫了一些關東煮，默默地一起吃著老口味，這個場景常讓我感動莫名。

在同樣的巷子間，有些老味道卻永遠的消失了，明星咖啡屋旁原來有一家江浙口味的炸排骨店，我讀大學常一個人從新莊坐公車來吃，這家店有一道老木頭梯通向二樓，保留著早期建築的風格，多年後卻宣告結束營業，成為我心中的絕響。

我以前報社的同事魚夫，出了一本台北舊城區的書，舊城區的冰棒、咖哩飯、初鹿牛奶和酸梅湯，釀造了我們五年級生的共同記憶，回想我們的工作、戀愛、婚姻和社會關懷，都曾經發生在這個區域，當然也包含碩果僅存的幾家老食堂。也許上了年紀的人，就越想回到一些熟悉的事物裡。

前陣子台灣興起尋找老食堂的復古風，食安問題讓我們轉而懷念起誠實做菜的古老手法，食物的作法，有一種越古早的就越好的理念趨勢。上了年紀後，越發的想回到老食堂，這並不是顯示年紀的標誌，三四十歲的這一代，也應該創造自己的老食堂，在那些和朋友或親愛的人一起留下美好回憶的餐廳，變成將來的集體追憶，將來，我們可能為了搶救一種老味道而奮戰。

台灣的老食堂其實不會很老，最老的都只到日據時代，也許從緬懷食堂的心，其實也顯現出台灣人淺薄的歷史感，但更讓我們發覺老食堂的必要性。在老食堂，有一種時光停頓的錯置感，我是說，也許我們上了年紀的一代，一再地回到老食堂，不僅是因為熟悉的口味，也為了老食堂就像老朋友一樣讓人安心。

我的一位老朋友住在台南，他說，許多老食堂老口味到了第二代往往發生分家爭議，味道也不一樣了，但他還是喜歡到這些老字號的店裡吃點老食物，在同樣的老街道轉角，同樣的招牌和座位，「我們就是這樣，期望和已經消失的過去仍有一種連結吧。」道盡了五年級生的心聲。

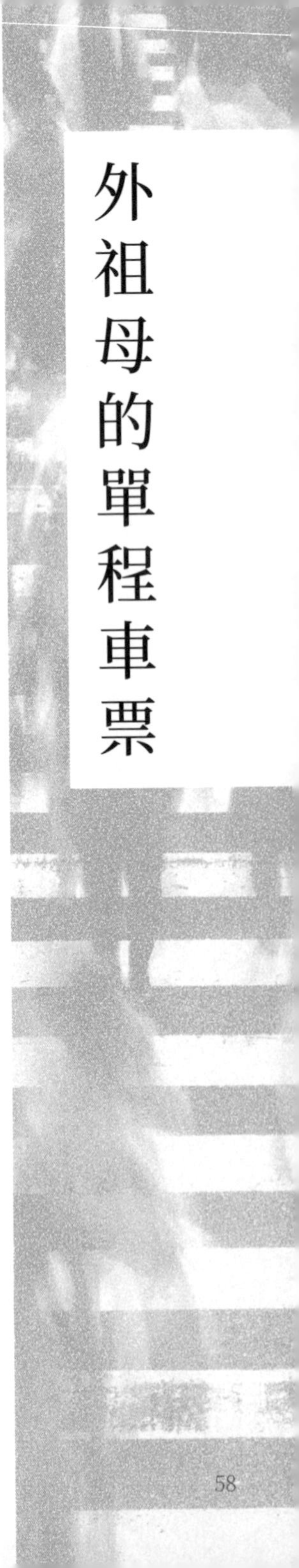

外祖母的單程車票

這是一則簡答題：

問問自己，如果你的外祖母仍健在，你是不是曾想像過有一天會離你而去？請你跟我一樣，在心中想像外祖母的那趟單程車票的旅行，也請你寫下來。

玫琪是我相識多年的音樂學者，擅長現代音樂，有一年，她從美國芝加哥寄來一篇稿子，指名要投給我主編的刊物，那篇文章我一直沒有刊用，也沒有跟她退稿，只是擱著，這麼多年後也不知去處了，倒是文內有這麼一句話，回想中有如靜夜投入池塘的石塊，總是盪漾漣漪，玫琪寫道：

「外祖母的去世，是中年人的一個大關卡。」

那年，我和同年的玫琪同時越過四十歲的領域，對於中年國土內的冷冷風景，仍心存畏懼。我無法體會玫琪和外祖母的情愫以及失去至親的痛苦，但從那時面對著日漸老邁的外祖母，心裡有塊角落是留給她的，像是提前預演著的告別式。長年務農的外祖母雖然身體勇健硬朗，自己已進入中年的作為孫子的我，仍知道那告別的一天還是會如約到來。

為什麼外祖母的生死，對於一名孫女，竟如此的縷縷相繫？外祖母是母親的母親，也就是神話學者所說的「大母親」，中年後，當我們尋思生命的意義，來到地球這趟旅程到底目的何在？望向生命的兩端，外祖母是我們血緣中的血，在另一端，她又將以自己的告別姿勢，為我們揭曉最後的答案。

才過四十歲的蘇，記憶的故事是外祖母記得孫女愛吃蒸蛋，九十幾歲後雖然住到舅舅家，還興沖沖地搭著計程車來孫女家，拎著一袋胡蘿蔔，「當下我感動到眼淚快奪眶而出，站在一旁看著外婆忙著切紅蘿蔔、打蛋、調味動作俐落，神情專注，一切只為了我，幸福感頓時油然而生。」過了這個年紀的關卡後，偶而獨自走著這條人生的旅程。風冷冷地吹，人影一個一個的掠過，有時候懷念的況味是如此的單純，有誰還能再不顧一切的只為了我？

我曾經想跟玫琪這樣問道，過了這麼多年後，她是不是已放下了外祖母離去的悲傷？當我們心中懷想著我們親愛的人，想到祖父母或者父母有一天終會離我們而去，是不是就是中年時期的開端？吃著胡蘿蔔的甜甜的味道，想念著心愛的人一切的動作。我想起自己九十三歲去世的外祖母，跟她不算親的我在她生前，始終無法想像外祖母所見的風景，有一天她竟然也搭上了那只有單程車票的旅程。

中年以後，常常有時間思索生命的意義，自然對外祖母和父母所代表的意象，有種說不出的依戀，像燈塔和討海人的關係，日本作家井上靖曾經以海來形容父母的生生死死對他的影響：

「父親去世，我才知道父親像一扇屏風把死亡和我隔開；父親去世，我才看見自己前途上死亡的海面……。」「父親去世後，母親仍健在，把死亡和我隔開的兩扇屏風，有一扇還庇護著我。」

井上靖的媽媽從小將他寄託他人，只為逃脫戰火的迫害，小小的井上靖並不知情，以為是媽媽遺棄了他，直到他成為名作家，接回媽媽同住，才一層一層揭開這團謎霧。那時，已到了井上靖的中年，他仍在小說中寄託對童年的遺憾。但是，母親仍以她的存在為他隔絕了大片的死亡之海，那種依戀要慢慢的、慢慢的找回來，就像你想以一個人的力量煮沸整座海洋。

那麼，即使生命過了大半，隨著外祖母或其他長輩的去世，為我們擋住那死亡之海的屏風又傾倒了一面，中年過後開始計算前面的日子，一種倒數的心情在過著屬於我們的生活，也更懂得珍惜我們身邊的人，和一切的存在。

阿公的剪紙課

這是一則選擇題：如果你是個祖父祖母，你最想和孫子孫女進行什麼樣的活動？

一、要他們聽你話當年。

二、放下自己的興趣，從事年輕人感興趣的活動吧。

三、在一起的時光內，來做個大家都有興趣，又可培養感情的活動吧。

剪紙，首先是跟自己的對話，然後是跟世界的溝通。但是，如果可以依照自己的的意思，你想剪出什麼樣的圖案？

回答這個問題，有時需要花上整整一輩子。過了五十歲大關，每個人都是一則則的故事。在台北信義區五全里社區的照顧關懷據點，來到的老者最後都會默默的問起這個問題，背後，關於人生，啊人生，那個最重要的問題是，我想被怎麼樣的記住？

剪紙一點也不難。從漢代起，剪紙的裝飾是歡度節日必有的裝飾，一名女性可能小時候看著媽媽剪出各種圖案，然後照著剪裁，那是她們對一個家庭的想像，世代相傳，就像歐美人家在十二月開始想著如何布置聖誕樹。

到了近代，剪紙課其實是一種表達和被表達的功課了。首先你要帶著剪刀和紙來到教室，老師先把圖樣畫好，老學生用手指沾著粉筆顏料，塗滿一張剪紙有如給自己的人生塗上了顏色。在五全社區，來到的全都是認真的老學生，微笑而且專注，動作緩慢卻不曾放棄，就剪出各種圖樣的剪紙。

記得已經九十一歲的陳阿公，住在沒有電梯的五樓公寓，每次上課，他都要提早出門，慢慢走下樓梯，那段路途展現的是一種對人生目標的執著。從前，孫女小的時候，他陪伴孫女，走很長一段路去買孫女喜歡的文具，現在，孫女偶而也陪伴他，拄著雨傘當拐杖，來到據點上剪紙課。

一名九十多歲的阿公，應該已來到人生的黃昏期，照理是要被照顧的階段，他卻能以剪紙的作品，表達出他想再繼續照顧孫女的心念。小時候孫女童言童語想當公主，現在，陳阿公最喜歡做的就是穿著各種漂亮洋裝的洋娃娃，阿公認真地思索，跟老師討論各種洋娃娃的造型，當他把作品交到孫女的手中，好像是在說：「妳看，阿公記得妳的夢想。」

人生，擁有幾個無法實現的夢想是沒關係的，譬如九十歲的阿公想要重新年輕，或者年輕的孫女夢想著遠方的白馬。日本伊東寬的繪本《沒關係，沒關係》裡，當孫子小的時候，祖父和他一起去散步，總是告訴他：「沒關係，沒關係。」日後孫子的人生遭遇到重重的困難，祖父的話語總帶給他繼續奮鬥的勇氣，祖父老了以後，在病榻前，輪到孫子來安慰祖父：「沒關係，沒關係。」

沒關係，真的沒關係的，只要他們還在一起，走那條前往剪紙課的路。

鋼木蘭老姊妹

這是一道作文題：

> 不管你是已婚還是未婚，請你以中年後未婚為題目，寫下你的觀察和主張。

選擇未婚的人口越來越多，在四十歲以前，有些女性是親友眼中的「被催婚族」，世俗社會仍以男婚女嫁的標準來要求他們，但過了五十歲、六十歲甚至更老以後，單身從一種印記變成了牽繫終生的命運，這些老姊妹間的情誼，可以相伴一生，是一種特殊的家人關係吧。

有時候，我無法理解這些單身老女子的心事。年輕時在報社上班，有位優秀的女同事，丈夫早就因病去世，也沒有留有孩子。傷心的時期過後——有時候我又覺得，那種傷心和遺憾是不會停止的——她專心投入報導的工作，卻也開始殷勤地關心起幾位手帕交的日常事務，她那幾位後來也恢復單身的「女朋友」，彼此間建立起一種盟約關係，從關心到彼此扶持，這是現代老人社會中的一種新的關係。已經是二十幾年前的往事了，我仍記得那名女同事在女朋友哭泣時，伸出手輕拍肩膀的畫面。

一九八九年改編自舞台劇的電影《鋼木蘭》描寫的就是這種情同姊妹的關係，在南方小鎮，女孩子們相識一輩子，沒有結婚也沒有離開彼此，雖然不斷吵嘴，彼此討厭著對方，但遇到真正的大事，他們卻堅定地站在一起，扶持對方走過人生路。就如同美國南方特有的鋼木蘭花，鋼節的花姿和穩定的花格，它的花語就是「讓我們同在一起」。

我也想起臺北市大龍老人住宅一對未婚女子的故事，就稱她們是蔡阿姨和鄭阿姨吧，她們的故事就如同是台灣版的《鋼木蘭》。這個老人住宅平時駐有營養師和廚師調配餐飲，分享給附近的老人，藉由共餐讓老人和年輕的工作者交流。有一陣子，兩位已認識二十多年，也都未婚的手帕交一起缺席了共餐活動，據點社工立刻安排志工群啟動電話問安及關懷訪視，原來其中蔡阿姨生病進醫院開刀，鄭阿姨是她生命的重要夥伴，一直留在醫院陪伴，處理手帕交的生活大小事。後來這位蔡阿姨狀況穩定出院，鄭阿姨就每天推著輪椅，陪著蔡阿姨一起回到據點，「可以回到這裡吃飯，就像回到自己家一樣輕鬆自在！」她們的願望是如此的單純，卻讓老人住宅的社工感動不已。

其實，老化社會和不婚現象的增多，就有如相乘的效果，從這個案例上感覺，我們的老人政策立法還是得快點跟上，譬如，生病要動手術的時候，有沒有讓手帕交也有相同於家人的法律地位。回來，和自己的好朋友吃一頓飯，有時候，老去的願望真的這麼的單純。

第二類

生

生命就是競爭力

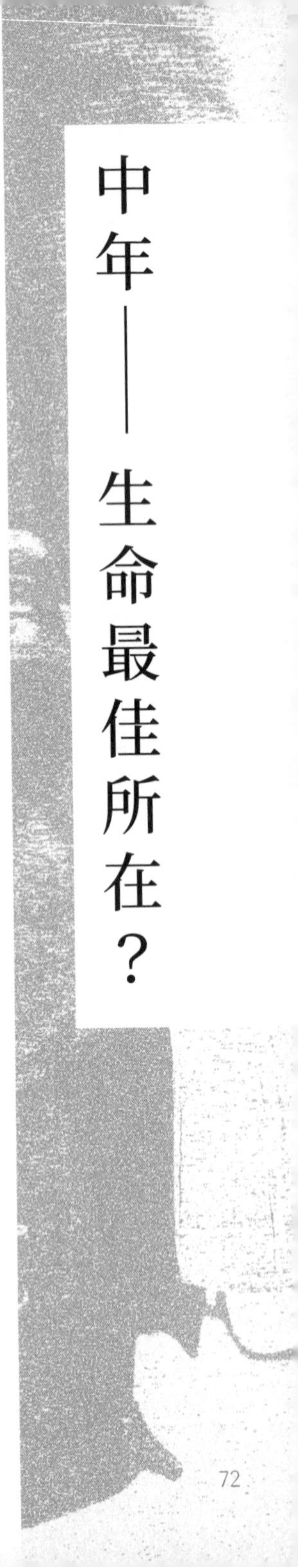

中年——生命最佳所在？

這是一則選擇題：你覺得自己已過了中年的門檻嗎？那麼，你覺得中年起自幾歲？

一、四十歲。
二、四十三歲。
三、四十六歲。
四、四十九歲。

生物學家大衛．班布里在《中年的意義》裡說，中年是人類獨特的現象，其他的動物都不會有，也因此泡製出人類特有的中年文化。

其實，中年是個浮動的時間，沒有絕對的關卡，你說你是中年了，立刻就湧上來前不見古人後不見來者的蒼涼感，好像中年危機要來了，距離死期也不遠了。然而，中年既是一個年齡界限的問題，當然也關乎你的態度。

曾經有人如此形容中年，「以前的日子是寄望未來，中年以後，開始數著自己還有多少日子可以活。」但是，越來越多的人認為，中年是一個足以停留的美好時光。

上個世紀的心理學家像艾瑞克森的生命階段，說中年關卡的禮物是統整和滿足，過不了關的人生命就將停滯不前，加拿大心理學家艾略特．雅奎斯提出的「中年危機」更嚇著了許多人，從此好像每個差不多這個歲數的人都要遭遇衰老、更年期、空巢期、婚外情等等難題，似乎每個中年人都多少懷疑過自己活著的意義，為了刷自我的存在感，都做過行為舉止怪異的事。

但大衛．班布里這樣的生物學家就從另一面主張，中年人的大腦比年輕人發育得更完整，情緒比以往更穩定，更趨向於內省，可以說是生命的黃金時期，你也這樣看待自己嗎？

有個美國的基金會（John D. and Catherine T.MacArthur Foundation）所做的「成功的中年發展」研究，訪談過幾千名三十歲到七十歲的人士後歸納出一項結論：「中年是最佳的所在。」但是，被問到自己的想法時，他們都希望比自己的現在還要再年輕一點。

這項研究認為，中年期延續約十五年，但從什麼時候開始，卻莫衷一是。二十五歲到三十四歲的男性這一組認為，中年起於四十歲。六十四歲到七十四歲的男性這一組則認為中年起自四十六歲。女性方面，較年輕的這一組認為是四十三歲，高齡的這一組認為是四十九歲。

所以，進入中年顯然也進入一種矛盾心態，年輕時想延遲自己進到中年的範圍內，而年紀較長卻開始但願自己變得年輕，中年永遠是夾層間的尷尬年紀。我想起美國歌手傑森瑪耶茲（Jason Mraz）的歌詞：「拿起空杯子加滿一點點的純真如何，我還沒有喝夠，我想是因為當你年輕的時候，容易被忽略是可以接受的，我寧願相信那都是對一個孩子的愛。」

從中年回顧自己的年輕歲月，一個女孩或男孩的純真閃過眼前，關於生命，我們都沒有喝夠。

你期待年金改革嗎？

這是一則選擇題：請問你對年金改革的體驗和期待是什麼？

一、我期待一個大家都有錢拿，雖然錢不多的改革。
二、反正以後還是會破產，現在的退休者先拿到錢再說。
三、公平正義是年金改革的基調。
四、年金改革將造成老年人不安定，年輕人不安心。

在一連串的年金改革聲浪中，你對年金的期望值為何？不對，我應該這樣問，如果你一輩子辛勤工作，只有一份薪水，沒有富爸爸給你遺產，你不做股票，沒中過樂透，你將如何想像你的退休生活？

年金改革感覺如此的近，又如此的遙遠。你工作一輩子後的報酬和代價，也許就只值那麼一點錢，許多退休者就感歎說，當初他們抱著對退休生活的期待來規劃他們的生命進程，沒想到人生已過了大半後，卻又有這麼多聲音批評他們領得太多。那是你的錢，卻好像總是要由別人來決定。

如果你還不到退休的年紀，你開始計算照新的公式你可以領多少錢，你想要一次領還是按月給付，對你較划算呢？我聽到兩種聲音，二十五歲的年輕上班族說，當他們到了退休年齡時，還不保證領得到錢，「為什麼我的未來要由上一代來決定？」另一種聲音出自已經退休的這個族群，「為什麼我的現在要由一種關於未來的焦慮感所否定呢？」

多年前我在一家出版社短暫工作，書展時，每次老闆都會請一名已經退休的老員工來幫忙，因為，這個老闆說，他的經驗是年輕員工無法比擬的。我們依照這名滿頭白髮的前輩的指示開始工作，在前往書展的車上，老闆突然很感嘆地跟我說：「他做了三十年只領到一百多萬，所以我現在還是偶而給他一些差事，賺點外快。」

就如這名老闆的言外之意，退休後的所得，往往跟自己這一輩子的價值畫上等號，退休不是人生的結束，還有好多的計畫要執行，好多年輕時沒有接續的夢想等待實踐，還要操心兒女的問題，還要照顧別人同時也照顧自己。年輕時省吃儉用，為別人活著，就等待退休後有錢和有閒，為自己而活。

所以，退休族期待的應該不是年金「樓地板」或經濟安全，不僅是不想變成又窮又孤獨的「下流老人」，周全的老年生活是在垂暮時還有補足年輕夢想的機會。我們，應該一起來做退休後的夢。

在年金改革浪潮中，你的未來還是夢嗎？我想起沙林傑的《麥田捕手》，最動人的一段話是，那個哥哥荷頓想做一名當孩子掉到懸崖時抓住孩子的捕手，關於未來的老年生活，我們繼續期待這個角色。

反老村忘記里

這是一則問答題：

根據你自己的經驗和觀察，你覺得我們的社會有沒有一股反老的氣氛？你覺得當自己進入中年後，最大的改變是什麼呢？請你寫下來，在每年的除夕繼續增補這份名單。

辦公室永遠有年紀的爭鬥，四十歲以上的和二十好幾的自動形成小圈圈，彼此都有自己的次文化。

中年以後的資深上班族，隨著歲月加深皺紋和臉部線條，努力的用化妝品、衣著和各種的掩飾，讓自己看起來沒有那麼的老，你可以說他們想要抓住青春的尾巴，或者擁有不服老的精神，畢竟，雖然我們都知道每個人都會變老，老，是讓人害怕的。

我就知道一家公司，似乎也怕被貼上「老公司」的標籤，它們的標題喊著「給年輕人更多的機會」，在這家公司，年輕工作者得到較多曝光的機會，每年發行一次的公司形象刊物，都要找當年最年輕的人拍封面，所以，如果你年紀大了一點，被打入老人的行列，儘管業績亮麗，你還是沒有曝光的時日。

人的壽命延長了，但中年人以後的出路還是健康、長照和退休後的年金會不會變少這些固定的議題，媒體喊到價天響的年金改革是為了下一代的未來，中年以後，大家都說，你們已經沒有未來了，人生的黃金期已經結束，生存的目的從此以後就只是為了別人和下一代。但是，中年總是這樣輕舟已過萬重山的來到了，人生雖然進入倒數，但是，田徑場上的倒數，其實才是勝負的關鍵。

從個人到整個社會的氛圍，仍瀰漫著「反老」、「怕老」的文化，如果這個又平又擠的世界，已經變成一個「地球村」，或許也可稱為「反老村」，你是不是其中的一員呢？辛苦了。我在高中時看過一部科幻片《羅根的逃亡》，在那個未來的虛擬世界中，人只能活到三十歲，就會被消滅，直到一名負責執行消滅任務的軍人也活到了三十歲，他決定逃亡改變自己的命運。看電影那個時代，我們的青春浸泡在各種考試的關卡間，不確定未來自己的樣子，還沒有想到自己有一天也會活過三十歲，有一天，自己也要加入逃亡。

日本作家深澤七郎的《楢山節考》為讀者描繪了七世紀日本信州貧窮村落老人面臨的殘酷晚年，為了讓下一代有糧食可吃，活到七十歲的老人都要由兒子背著丟棄在山內，或者也像是老象自己走到塚場內等死，讓年輕的象群有足夠的糧食度過寒冬，聰明的獵人就到象塚撿拾象牙。

這部小說兩度改編電影，有一部是今村昌平導演的，電影裡，已經上了山的兒子不捨離別，還要將身上唯一的糧食留給媽媽，媽媽不接受，還給了兒子一個耳光，在那個貧窮的年代，或者說任何年代吧，繁衍下一代已成為最崇高的價值，也許，我們就簡稱為「愛」，如此無奈的愛。

所以，有很長的歷史，人類的文化都是為了下一代而存在，老年就要為年輕人讓路，這是人類作為生物的本能，但是，健康和壽命的延長卻允諾人類進化的一種可能性，當自己也進入中年後，我難免升起狂想，人活著，會不會最終就是為了變老，擁有智慧和豐富的人生經驗，同時也不再犯下年輕時的錯誤。

年輕時沒有想過的，我們漸漸要忘記人終將變老的現實，盡力的用歲月賜給的智慧，創造另一場銀髮的人生高潮，三千年前的孔子傳下的話：「其為人也，發憤忘食，不知老之將至。」現在，我開始將這句話當作必須實踐的諾言，我們都活在反老村的忘記里，在怕老的浪潮中，我們卻矛盾的讓生命歸向同一個方向。

路長在腳上

這是一則問答題：

你有沒有轉換過跑道，你的經驗是苦是甘？如果人生只剩下最後一次選擇和改變的機會，你會把握這個機會做些什麼？

思想著「轉換跑道」這個詞，首先躍上眼簾的是一架飛機經過多時的飛翔，在霧中盲目的迫降。好吧，能不能說這就是許多中年族群轉業、待業的心情。

中年後我們這架飛機也有些疲倦了，油料即將耗盡，儀器亮起紅燈，這時還想跳到一個陌生的領域開創事業，其間的艱難，一是後頭有一大片後輩像烏雲在追趕著，其二，要離開舒適圈和同溫層，已沒有年輕時打拼的勇氣，當然，也不再有時間可以嘗試錯誤，那正好就是一架迫降飛機的命運。

年輕時嘗試飛翔，像岳納珊那隻小沙鷗鼓動著羽翼，把天空都當成牠的戰場，牠一遍遍的起飛和失敗，但是，如果有人在耳邊輕輕地告訴牠：「你只剩下一次嘗試的機會。」故事肯定改寫。

其實，不管人生路怎樣走下去，那只剩下一遍的時候總會到臨，只是當事人不一定知情。因為只剩下一次嘗試的機會，失敗也只會剩下一次。

我知道曾有公務員、小企業的老闆把這最後一次的機會投注在賣雞排、在網路推水餃、起司蛋糕，有位友人投入他上半輩子的全部家當，在四十來歲時回家鄉台中的鄉下開設一家書店，店裡也兼賣咖啡，他想實現早年的夢想，親友勸他繼續當公務員，工作雖然不如意卻稱得上穩定，但他說：「我也沒有多餘的念頭，就是想栽下去試試看。」是的，如果歲月逼得我們正視自己的選擇，你還會想繼續現在的這份工作嗎？

回想起來，那段轉換的過渡期並不好受，對未來到底會變成什麼樣子毫無概念，每天店開門也不確定在台中的鄉下，有沒有人會來買書、喝咖啡。我們閱讀那些成功創業人士的傳記，多半會在功成名就後回顧過往的雲淡風輕，強調他們的成功特質，但就在創業的當下，那條人生路會如何彎曲曲折，往往是書裡所讀不到的。兩年後這位朋友收起書店，又回到台北當公務員。見面時問他會不會後悔，他說：「就是賠掉了一筆錢，但我從此知道，不要在鄉下開書店。」衣帶漸寬終無悔啊。

其實，我們心中多多少少藏著夢想，也曾願意為了夢想消得人憔悴，但過了這個年歲只有把夢想珍藏在心中，缺少的是轉變的勇氣。重要的，果然就是這個「轉」字，在禪宗裡轉境是一個常提起的法門，禪師說你覺得你想變成什麼樣的情況，於是觀想轉境，你的夢想終會成真。

穆罕默德說：「山不來就我，我去就山。」那其實也是一種轉境的觀念，山一定不會向人走來，只有人向山走去，我們就繼續出發吧，走出一片晴空，走出一條適合人行走的路。

歷史上兩個最著名的「轉換跑道」，一名是北方印度的王子，後來在菩提樹下證道成佛。一名是耶路撒冷的木匠，後來走向曠野擁抱殉道。二十世紀的日本登山家羽生丈二，他一遍一遍的登上聖母峰，有一次就沒有再下山了。曾有記者問他為什麼冒著生命的危險去登山，他說：「因為山就在那裡啊。」登山者找到他臨死寫下的札記寫著，「如果腳已沒有力氣了，就用眼睛繼續爬山。如果眼睛疲倦了，要闔上了，那就用心繼續地往山上爬。」一遍一遍的做同一件事，已無心思再容許想到失敗。

未來沒有一定就是這樣或那樣的，沒有一件事在發生前是可以確定的，但我們確定路長在人的腳上。如果，如果人生真的只剩下一次機會，還是跳下去吧。

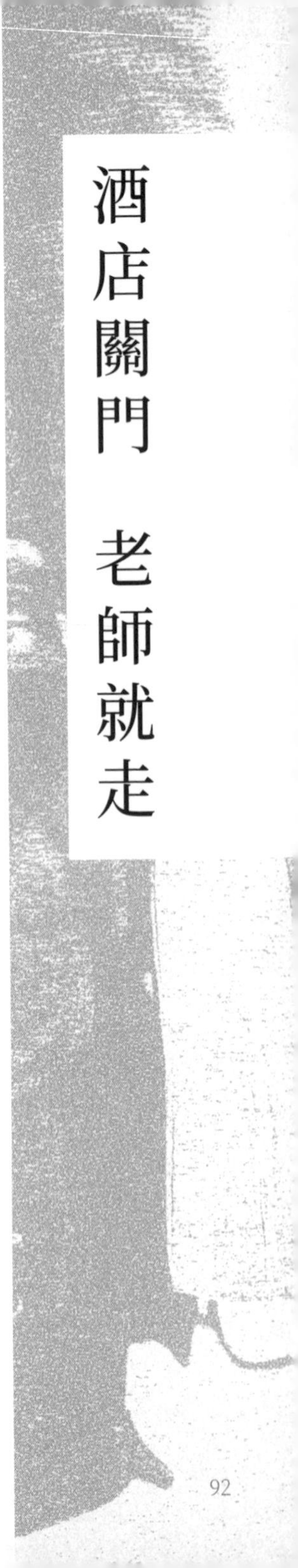

酒店關門　老師就走

這是一則選擇題：如果你是名擁有高學歷的中年族人，看著現在博士滿街跑的現象，你對高學歷的看法是？

一、要是不能保證找到大學教授的職位，沒有必要讀到博士。
二、讀博士是為了個人的興趣，我還是鼓勵年輕人求取高學歷。
三、如果時光能夠倒流，我還是會再去讀博士的。
四、現在讀博士的投資報酬率非常的不划算。

有三則訊息應該放在一起讀，第一是二〇一六年底教育部公布，隨著大學招不足學生和退場機制的建立，有四分之一的大專老師面臨未來沒有工作。第二是前年的新聞，有四分之一的大專老師超過五十五歲，第三，十年內將出現大學老師大量退休，師資老化的困境。

那麼，關於未來好像就出現了這樣的畫面，那些超過五十歲的大學老師，可能就在幾年內失去了工作。其實，這是一個很大的生涯想像上的變動。

在我們五年級生甚至四年級生裡，能讀到博士是光耀門楣的事，鄉里間還盛傳將出了博士的家族封為博士之家，雲門舞集的創辦人林懷民將祖厝林開泰診所捐給嘉義縣政府，這座老屋就有博士之家的美名，但現在，擁有了高學歷，也不再保證生涯從此魚躍龍門。過去，能讓一整個世代安心的讀書計畫，卻已變得不一樣了。

在北部某所科技大學通識中心擔任講師的薛君，早早拿到碩士就到學校擔任講師，四十多歲才去念博士學位，一念就是十幾年，他一邊教書也一邊讀書，原來打的生涯算盤是拿到博士後可以升助理教授，但這幾年學校招到的學生越來越少，很多通識課程也被取消了，他覺得再過幾年縱使自己能夠拿到博士，卻恐怕連這份講師工作也不保了。「五十歲的講師這一群就像處在時代的夾層，原本按部就班的承諾也已失靈了。」

薛君說：「我想五十來歲這一代從小被灌輸的生涯觀念，已經面臨重大的考驗，我們相信的是一直讀上去到高學歷，但學校已無法提供那麼多的教學職位，現在我們又得面對年輕博士的挑戰，也被社會形容成卡住年輕人發展的老石頭。」

三十幾歲的博碩士去應徵當服務生、擺地攤和開計程車，那是一種國家人才資源的浪費，五十多歲的這群人卻要面臨生涯突然大變動的考驗，薛君目睹了這幾年來教育界的怪現象說，中年後的大學教師要有「酒店關門我就走」的心理準備，除了教書的工作外，他也認為要儲備自己的資源和實力，「將來有一天，也許我們還要回到產業界和職場，和比我們年輕二十歲的人進行競爭。」真的到了那個時候，學歷恐怕也不再是競爭力的保證。

現代老人　超越極限

這是一則選擇題：日本老年協會建議將老年調高到七十五歲，根據你自己的經驗和觀察，請問進入老年——也就是體力和心力都開始感覺衰老的年紀應該訂為？

一、五十五歲
二、六十五歲
三、七十五歲
四、八十五歲

日本老年協會的建議，是根據種種數據資料顯示，當今的老年人和十年前相比，大約年輕約五到十歲，十年前的六十五歲就約等於現代的七十五歲。這十年來老人的活動力和健康大幅提升，十年前沒有銀髮族的消費廣告，現在只要打開媒體就處處可見，讓人以為只要服用某種葡萄糖胺飲品，老人家也可以做極限運動甚至跑馬拉松。

雖然我曾經見過，有某個非營利組織將五十五歲定為初老，認為人到了五十五歲就要有過老年的打算。一般來講，世人用六十五歲來界定老年，已有六十年光陰。一九五六年聯合國根據歐美國家的人口情況，提出了六十五歲的概念，從此，各種國家的老人福利政策都服從這項標準，最近我常聽到社會上有些五十幾歲，明明已打拚工作三十多年的上班族感嘆：「我還要工作到六十五歲才可以領勞退啊，因為他們說，我要到那時候才叫做老人。」

六十五歲就好像是生命的一個把關員，過了這個年齡慢慢的很多事都不能做了，到了七十五歲，要領駕照還得通過認知測驗。但是，許多七十多歲的族群開始「反向逆行」，要做跟以前定義完全不一樣的老年人。

今年將近八十歲的李君，公務員退休，七十歲時喪偶，罹患腎臟癌割掉了一顆腎，他仍堅持要獨居，每天坐捷運到新店跳舞。他說，當他還抱著女伴的腰跳著華爾滋或偶而稍快一點的吉魯巴，雖然不能跳太久，很快就覺得心臟比舞步還跳得快，「現在卻是我最快樂，也最期待做的一件事。」許多人過了七十歲後開始學跳舞，也應運老人跳舞的行業，年輕時放不開的，隨著年紀增長，一律拋向腦後，追求極限後的快樂。

日本老年協會的報告提到，「健康壽命」，也就是還不需要別人照顧的年紀，在這十年內也延長到男性約七十一歲，女性約七十四歲，所以老年的定義年齡再往後延，看來也是合理的。不過，當我每次在同棟大樓見到李君的身影，有時還停下來聽他暢談跳舞的經驗，他大力建議小他二十多歲的我也去學跳舞。我就覺得，一名八十歲的舞者所要我學習的事情是，他才不管什麼老年或健康壽命啦，只要現在有一支舞可以跳，人生就是值得的。

八十歲的心臟若較適合華爾滋，那麼，你願意跟一顆八十歲的人跳下一支舞嗎？

中年轉業心事多

這是一則問答題：

當經濟結構變動，不景氣也變為常態後，中年失業和轉業的現象也日漸普遍，請問你有沒有過這樣的經驗？如果你後來順利地找到工作，請問和年輕人相較，你的優勢何在？

他是我多年的好友，去年見面，他說應以前的老闆聘請去上海工作。我們就此有一年沒有聯絡，最近見面才知道，五十多歲的他經歷了中年轉業的波折。

去上海前，他結束了一家公司財務長的的工作，結清年資，後來我們才聽說，原來那家公司面臨倒閉，他只是提前跳海。其實，上海的工作也只是短期的合約，半年後，他悄悄的回到台灣。

在新竹，開始他五十歲的失業歲月。

那段歲月怎麼經歷過的？我回想自己四十多歲突然失去工作的經驗，問他這個問題。他淡定的回答，先去領失業津貼，再慢慢地找工作。他沒有像我這樣，在突然失去工作的第二天，生平第一次上人力銀行網站瀏覽，覺得這種事情怎麼會發生在我頭上？

他說：「在台灣四十五歲以上的人，找工作大概就很難了。」沒有錯，這是我們共同的心聲，最後，我們還是得進入人力銀行，一家一家的尋找，想像自己和陌生的主管面談的場景。

寄出履歷表，繼而是漫長卻無言的等待，眼看著自己的信一封一封的被讀過卻沒有下文，就好像自己五十歲的一生被脫光仔仔細細的檢查著。他倒是有感而發，說台灣許多公司負責人資的年紀太輕，也看不懂履歷表後面代表的意義，「很多中年族找工作，第一關就被沒有知識的人資刷掉，我們的機會當然變少了。」

中年轉業族常常放不下以前的經歷，像他就一直應徵財務長的職位，因為那是他上一個工作所做的事，但是，那種工作不太有機會出缺，有人說這時要先求有再求好，我的朋友卻不這樣想。

「我的經驗告訴我，不要急，也不要對目前的狀況過度的擔憂，如果有機會，機會總是會來到的，做什麼事就是要講究緣分。」這個信念讓他應徵到湖口附近一家電子公司的財務長，應徵那天，他憑經驗就講出了那家公司面臨的問題，公司主管商量了一下，就決定錄取他。

讓我好奇的是，失業的那半年，他怎麼這樣船過水無痕的度過了？他說，就當作老天賜給的假期吧，他把新竹附近的步道都爬過一遍，當然，也要感謝做老師的太太的支持。「不要放棄希望。」他說，就是不要放棄希望。

有分道理是這樣說的：四十歲，五十歲，六十歲遇到失業，也許還不是最主要的問題，問題在於你能不能一直對未來抱持著希望。

遇見人生的導師

這是一則選擇題：俗話說：「不聽老人言，吃虧在眼前。」如果你的年紀已大到可以角色互換，對於這句俗話，你的感想是？

一、雖然現在我已是老人了，我相信年輕人真的要多聽長者的建議。
二、我年輕時過度自信，沒有聽進老人家的話，後來真的吃了很多虧。
三、人生經驗這種東西，要靠個人的摸索，他人的意見不見得派上用場。

人生路上，想遇見紀伯倫書裡的先知，給你忠告，確實告訴你前面會遇見什麼，讓你安心，他會帶領著你，就像駕駛訓練班的教練，也像一盞黑夜裡的燈。

年輕的時候，我們殷切期待遇見導師，但這位導師會在不經意間出現，或許是廟裡抽的一支籤，一個解籤師說中你擔憂的話語，或許是做禮拜時某人的見證，也或許是學校老師和你的一次長談，可以記著一輩子，也受用一輩子。更或許，只是在路上偶而聽見的一句話，不再能見到的這個人，在適當的時間和適當的地方，繼續回響在我們的生命中。

但是，也許那時候我們也不知道，導師已經出現了，我們一句話也聽不進去，卻在經歷過、闖蕩過、跌跌撞撞過後，細細的回想，怨嘆和反悔同時出現：「為什麼我當初不接受他的建議呢？」

尼采《查拉圖斯特拉如是說》一開始就安排了無人聆聽的先知，在山上說出了人的精神三變，從背負道德包袱的駱駝，到釋放包袱的獅子，再到新生的嬰兒，但駱駝不會相信獅子，獅子也不會相信嬰兒，先知只在曠野中奔跑終日。

說不定，導師就是多點人生經驗的平常人，走在我們前面幾步路，多看過了一些人生的風景。多年前查琳唱的那首〈我從來不是我〉，一名經歷婚姻滄桑的女子想跟另一名女孩多講一點，「我仍看到我曾經歷過的那些事，還活在妳的眼中，妳願分享一個疲倦的心，這顆心卻藏著百萬個謊言嗎？」行走在蒙地卡羅過的空洞靈魂，願意跟另一名期待婚姻美夢的女子說出真心話，這是中年的真心時刻。

年輕時看《星際大戰》，因為年輕嘛，自然就認同那年輕莽撞的天行者路克，幻想著自己是路克，在殲滅黑暗勢力的冒險旅途上，遇見絕地大師尤達，經由尤達的教導，終於學會使用原力。透過電影，尤達的先知形象深入我們這一代的心目中，雖然尤達不輕易出手，講話聽起來很玄，也不過使用了英文的倒裝句。

這個想像一路到某個人生階段，或許是生下小孩，身為父母，孩子一天天長大，有天仰起眼睛想得到我們的忠告。或許是自己擔任教師的角色，想要跟學生講幾句讓他們終生難忘的話，嘿，這才猛然發現，我要從天行者變成尤達了。

但是，恐慌徬徨也應運而生：我能夠開始扮演別人人生路上的導師，為那些懵懂沒見過世面的小小心靈們，預言他們前面所要遭遇的種種難題嗎？電影裡，尤達有他自己的難題，絕地武士的原力總是禁不起黑暗勢力的誘惑和破壞。回到現實生活，尼采也度不過他自己的人生難關，最後只在歷史上留下瘋狂的紀錄，沒有殺死他的，也沒有讓他變得更堅強。

年紀到了，人們覺得我們這個年紀就應該指引年輕人方向，就應該有足夠的智慧扮演尤達，卻開始想著，我們的人生經驗，真的可以啟示更多的人嗎？也許，我們只是帶領著更多人重複我們的愚蠢、我們的錯誤和莽撞，讓現在的年輕人又從錯誤中學習，電影中，尤達不也同樣告訴路克：「你不自己試試看，就無法找得到原力。」

年紀到了，回首前塵，就對現在的角色感到惶恐，每當有人用信任的語氣說：「我只要跟著你走，準沒錯。」我說，但我也是第一次走這條路呢，對方露出懷疑的眼神。喔，這跟年紀無關，每個人總都有第一次的。

五十歲不宜？——銀髮消費力大翻盤

這是一道複選題：有項媒體調查提到，銀髮族的消費力不可忽視，六十五歲以上的人口有三成認為自己比下一代還富有，在台灣近代的歷史中，這一代的銀髮族可能還是最有消費力的一代，每個月平均生活費開支是二萬二千元，這剛好是現在大學畢業生的起跳月薪。那麼，如果你自認也是銀髮一族，除了基本開銷外，你平常會做哪種花費：

一、旅遊　二、上館子　三、看電影
四、參加學習活動　五、投資

事實上，這也是那項媒體調查銀髮族消費去向的排行榜，關於銀髮族的旅遊，我想起約莫十年前到德國參訪社會企業，其中有家企業做的就是老人旅遊，特別是有些老人家需要坐輪椅和看護照顧，那個行程就需要特別的安排。我們常聽說「退休後的夢想之一就是環遊世界」，但真的到了那時候，體力和健康因素又需要一番特別的設計。

那家德國的社會企業，採取的是銀髮族來參與旅遊設計的方法，要好走的，又要不能太累的，特別是，銀髮族的鄉愁會變成前進的動力。六十歲後，我們紛紛看見銀髮族嚮往回到從前住過、去過的地方，像日本的戰前世代不忘來到台灣拜訪，而台灣的老人家也嚮往著到講日語的國家旅遊，就看，那個回去看看的夢想能帶他們走向多遠。

還有一個問題，五十歲以後，你坐在電影院裡，絕對會讓你變成異類。我前次去看《屍速列車》，發現所有角色裡，最讓我認同的是那名列車長，不僅他的年齡與我們最接近，也由於他的敬業態度，最後編劇還是決定讓他以死殉職。但是，這部電影的驚恐指數絕對不適合六十五歲以上的銀髮族，雖然，也不能一直要銀髮族看《金池塘》或《一路玩到掛》，跟著我們少年時的偶像洛基相信，人活到五十歲還可以上擂台打拳擊，那就屬於科幻片等級了。也許，再過幾年，電影分級要再多出一類：五十歲以上不宜。

但是，銀髮飄飄下的消費力已經引起了業界的重視，我覺得真正的消費趨勢，要在五年後，甚至十年後才會真正顯露，有位六十五歲的前輩是我以前報社的長官，最近告訴我：「六十歲後我開始擔心，我這一代賺到的錢，是我女兒那一代賺不到的。」所以，她偶而會幫三十多歲的女兒買點日常生活用品，減輕女兒的負擔。我想，所有的調查所看不出來的就是父母的這份心意，銀髮族的消費力也會傾注給下一個世代，造成世代間的消費流動。

斷捨離：你要多少才夠

這是一則選擇題：如果要退休，你覺得必須準備多少錢才夠？

一、有多少錢就存多少錢，必須看大環境才能決定。

二、我從年輕起就開始存錢和投資，就是為了退休以後有足夠的錢。

三、船到橋頭自然直，誰知道我可以活幾歲，總之要先過好眼前的生活。

多年前，我曾在一家出版社兼差，有一天，老闆洪小姐問我：「你覺得要有多少錢才可以好好的退休？」當時我答不出來，也不敢給出一個數目，洪小姐自己回答：「你覺得要不要一千萬才夠。」

我對洪小姐提出的這個數字印象非常深刻，甚至用這筆數目來和自己的儲蓄做對照組，這樣就會出現兩種心理狀態，第一，如果手邊沒有存夠一千萬，是不是就不能夠輕言退休。第二，在你還有工作和收入的歲月裡，就得把一千萬當作追求的目標。

當年，這家出版社出版了一本《富足人生》，副標就叫做「要錢還是要命」，洪小姐會提出這個問題，應該也是有感而發，不過，對老闆級的人物來說，一千萬只是一個低門檻，也許藉著提醒她自己，這樣就夠了，畢竟命才是比較重要的。但一般的受薪階級和上班族，可就得當作是在風中追逐的終生目標了。

但是，不管是《富足人生》還是日後澳洲經濟學者亞倫．亞貝的《多少才夠》，談的還是精準的投資和理財，為個人的工作生涯創造了永不得閒的投資計劃，要準備多少才夠退休，我想這些專書的標準答案是，越多越好，永遠不會有足夠的時候，然後五十歲到了，六十歲的生日蛋糕蠟燭吹熄了，雖然擁有了一筆退休金，生命也已過了絕大半。

我相信這個問題的答案，也是有性格差別的。日本作家山下英子在《斷捨離》提出自我分析，你屬於下列哪一種類型：1.「逃避現實型」；2.「執著過去型」；3.「對未來不安型」？也許每個人的性格多多少少都有一點，但回到我前面提的選擇題，我覺得有那麼一點點的1和那麼一點點的3，才會是面對退休生活的態度，生命絕不是從退休後才開始的。

在年金改革的聲浪中，我們耳熟能詳的「所得替代率」其實是一個緊箍咒，暗示我們退休後就不再能過以前的生活水準了，不妨我們就這樣想吧，三十歲到四十歲時你每個月花掉的錢若是百分之百，才足夠維持人生顛峰的生活水準，過了五十歲以後，也許要慢慢的降到百分之七十甚至是六十左右，隨著年齡降低物欲的標準，這個階段我們的房貸差不多繳完了，兒女也長大了，我們也該為人生慢慢的走下坡做好準備。

第三類

下

身體將要每況愈下？

常住一身

這是一則練習題：

美國詩人羅伯布萊在《鐵約翰》一書中提過一個練習，他發下許多條紅絲帶，要學員在自己身上曾經受過傷的部位繫上絲帶，沒多久，每個人身上飄揚著一片紅絲帶，那個會場，眼看就變成了傷口的展覽場。那麼，請你也試著做這個練習，在你身上的傷口和生病的部位繫上紅絲帶。

《鐵約翰》這本書鼓吹著男人尋回野性，既然是野性，身上哪裡會沒有傷痕。羅伯布萊說，哪一個男人不是從傷痕裡長出靈魂的呢？多年後，有位女作家克萊麗莎．平蔻拉．埃思黛絲也寫了一本《與狼同奔的女人》，讓女人的意象和野性、荒地連結在一起。我們這樣想像，野性的男人和女人，不會羞於展示他們的傷痕，其實，當我們年紀漸長，會覺得那些傷口是光榮。

我頗喜歡一位印地安老人說過的話：「我這輩子馴服過許多隻野鷹，每隻老鷹都在我身上留下勳章。」來到東方國度，一名老和尚在閉關多日後，與訪客談起了身上的慢性病，好像，一場身體的疾病，比起長年坐禪更讓他悟出生命的真諦。

傷口確實是會訴說的，當年紀越大，我們停留在傷疤的緬想的時間也拉長。我們常在病歷表上沉思，嘆息一個大不如前的身體，越來越多的慢性病、越來越長的病歷就代表著自己。

是這樣嗎？心理學家要我們學習接受這些傷疤、疾病也是自己身體的一部分，這件事其實說易行難，我們已習慣接受一個快樂的身體才是自己，病痛的身體就不是，譬如，感冒就很容易讓我們功能停擺，沒有人會喜歡那種感覺。

譬如，糖尿病和高血壓是現代人常罹患的慢性病，高血脂的藥更是二〇一六年台灣人最常吃的健保藥，所以，我們都知道要學習如何跟慢性病相處。有位女姓友人五十歲初期檢查出乳癌前期，她動了手術，辭掉了一做二十多年的工作，但為了生活，偶而也出江湖接點案子。我前些日子遇見她，問起近況，她說，現在每天都跟她的小狗到家後面爬山，「也沒有什麼好不好，就是把生活重點做了個調整。」她說。剛開始的那段時日，苦啊，多半來自心態，她會刻意的逢人掩藏她割去的乳房，那天，她卻穿著有點敞開胸部的洋裝，那是她的身體啊，她一定這樣轉念過，為什麼要感到羞辱呢？我看著她，就好像看著一幅 Diane Arbus 的自拍照。

對中年族群來說，最重要的領悟就是，我們不僅要接受，我們今生今世就只有這個身體，當身體好好的時候，我們能夠使喚的，其實也只有這個身體。《大毘婆沙論》提出的一心相續論，說人啊常住一身，身體就是我們的家。工作的身體，休息的身體，愉悅的身體，悲傷的身體，都是一樣的身體。佛法說我們要戒除身體的惡習，然而，我們同樣也要以身體修行證道。

在臨床精神醫學上，有一種對憂鬱症的診斷是，這類病人會拒絕接受某些自己覺得不好的身體部分，進而也因此拒絕了自己的存在，憂鬱，其實也就是「拒絕存在」的副產物。無論如何，當身體展現勇氣和懦弱，也展現了脆弱和恩寵，我想起一個在慢性病路上長期服藥的人，有一天護理師對他說的一句頗有智慧的話：「要跟疾病對抗，你最需要的是毅力，而不只是藥。」

我們這輩子肯定要跟身體同在，不管做什麼事，身體跟著我們，到了最後感覺無常的況味，蘇東坡那句：「長恨此身非我有，何時忘卻營營。」就會不死心地跳出來。

還沒有死心的，如同眼鏡蛇隨笛音升起。

履歷和病歷，都是人生

這是一則選擇題：四、五年級的人，應該都度過拿健保單去醫院掛號的日子，從健保單到現在的健保卡，健保卡對你的意義是什麼呢？

一、沒有感覺，我活到這麼大的歲數還不常用健保卡。
二、我認為二代健保的制度不合理，應該讓多用的人多繳一點錢。
三、我的健保紀錄就等於是我的人生故事。
四、健保是台灣衛福的重要成績。

我們都會留著履歷表，還時時來更新，代表著一個人這一生的成就，但是，我們要怎樣對待一張可能也很重要的病歷表呢？如果，你也把病歷當成你的履歷呢？

如果年紀再大一點，年代久遠了，但手腕每到變天就痠痛起來，你就會想起二十多年前騎摩托車，深夜在忠孝東路的一場小車禍，還想起那年在報社當記者，深夜獨自騎車回家的情節。我講的是我的故事，相信你也有同樣的身體和記憶的連結。

大多數人會記得工作上的事情，哪一年跳槽，為什麼要轉換工作都記在履歷表上，但是，至於什麼時候曾經鬧肚子痛，哪年哪月得了感冒卻似乎無從記憶。當我們得感冒的那幾個禮拜，身體功能好像進入一種停擺期，但身體卻還是一一的記錄著。進入中年後，當舊傷復發，一陣多年前的咳嗽或是痠痛突然又喚醒了記憶，我們才知道，身體本來就是一張履歷表。

許多外國人讚嘆台灣的健保，儘管財政困難即將啟動三代健保，還有人批評台灣人是最會吃藥和維他命的民族，但自從健保推動可攜帶個人的病歷表後，我們卻可這樣來檢視自己的身體記憶。

我認識一名中年後長期洗腎的病人，常聽其他資深病人說過去健保不給付時，許多洗腎病人動輒傾家蕩產，現在的情況當然好多了。「我怨嘆年輕時有機會沒有好好的保養，現在進入中年才要淪為洗腎族。」他的懺悔和怨嘆集中在那兩顆這麼容易壞掉的腎，但有一天早上他望著自己每次進醫院都要交出去的健保卡，一種惜福之感油然而生，他領悟到壞掉的腎也是他的身體的一部分，也有著他不可或缺的記憶，不管哪個器官壞掉、哪裡曾經受傷，他都要加倍的愛惜他的身體，我們且稱為一個中年人的懺悔錄。

健保的設計就是讓比較不需要看病的年輕人，來支持中老年人的健保給付。雖然老年社會和少子化已造成健保財政的傾斜，但年輕時我們無妨這樣想，那是在為自己的未來買保險，而中年以後，就把每天的日出當作一種惜福吧。

偶而看看你皮夾或皮包內的健保卡，那和你的履歷表一樣，藏著你的身體的故事。珍惜一張健保卡，就如同你愛惜著自己的身體。

如果男人有月經

這是一則作文題：

如果妳是名女性，對於每個月都會來報到的月經，妳可以比照《陰道獨白》的劇本，寫下妳對月經的感受嗎？妳有沒有想像過，為什麼只有女人才有月經，如果男人也有月經，會是什麼樣的情況？

女性對月經這件事既期待又怕受傷害，尤其即將停經的中年女性，都有一段月經的生命史，對一名女性來說，從初經到停經是生命最輝煌，外表最鮮豔的時期。

最早約是四十幾歲，就有人感覺到停經的困惑。有位女性每月用APP載入經期日曆、生理期日曆和女性日曆，就可以精準的算出經期，前後誤差不超過一個禮拜，但有一天，她等待的經血和伴隨的陣痛不再來臨，她起初以為是經期亂了，過了幾個月才確定，她比女性平均年齡還提早停經。

停經的到來通常會讓人害怕，那定義了更年期的到來，還有荷爾蒙變少、盜汗、易怒這些更年期的老毛病，最害怕的恐怕還是變老這件事。然而，也有更年期的女性抱持著豁達的態度：「停經後，我每個月不再固定流血，不再感覺到女人作為一名生產工具的可憐，我知道我不能再當媽媽，如果大自然是這樣設計著女性的身體的話，停經也未嘗不是一件美好的事，稍微覺得遺憾的是，我已不再具備年輕時那樣的外表和體力了，但是，我已擁有年輕時所欠缺的通達和智慧。」

女性主義健將葛蘿莉亞史坦能還寫過一篇文章說，如果精神分析學家佛洛伊德是女的，他可能就不會再發明「陽具欽羨」、「閹割焦慮」這些後來被認為歧視女性的精神分析術語，心理學和精神分析可能從此改寫。史坦能說，男人會想盡辦法歌頌每個月來到的經期，為月經寫詩歌，舉行宗教儀式，訂定放假日，形容那如生命潮水般湧來的經血，讓人感受到宇宙的深奧和生命的力量。

其實，可以肯定，年紀漸長後，很多人就不再固守著自己性別的疆域，願意去想像、甚至去嘗試本來是屬於另一個性別的體驗，葛羅莉亞史坦能那份戲謔的作品是要邀請我們做這樣的跨性別的想像，就好像異性戀也可以去想像和包容同性戀那樣。

心理學家則認為，年紀會將人趨向「雌雄同體」，越老兩性的外表和內在也越趨近。也有心理學家主張，最理想的性格原本就是「剛柔並濟」，這是進入更年期後我們必須學的一課，老男人當然從頭到尾都不能有月經，但老男人開始願意分享與承擔異性的辛苦和經驗，正如那許多老女人總能以同情的眼光，看待被說「不能說不行」的查埔人。

倒過來活的人生

這是一則問答題：

你曾經想過時光倒流，自己能夠年輕二十歲嗎？你覺得自己的外貌和內在智慧最好的交集，出現在哪個年紀？

美國作家費茲傑羅曾因為馬克吐溫的一段話啟發靈感，寫下了〈班傑明的奇幻旅程〉，馬克吐溫這句話是這樣寫的：「如果有人生下來八十歲，逐漸活到十八歲，人生會是多麼的美好。」

馬克吐溫企盼的，是外貌和內在最好的交集，大約就是在四十歲左右。他隱喻著另一層涵義卻是，擁有美好的外貌卻無法擁有智慧，而當老人們藉著磨練得到了智慧，卻已年老色衰，力不從心，望著青春興起不復以往的感傷。但是，確實沒有人擁有這樣的表裡優勢，馬克吐溫沒有，四十多歲就去世、憂鬱症纏身的費茲傑羅也沒有，那是他筆下爵士年代的美好。

據說女人在四十歲就提早體會到更年期的恐慌，應該說是一種心理恐慌吧，保養品和凍齡霜也是這個年齡階段賣得最好，最好是有一個產品果真能冰凍住年齡。男人則遲至五十歲以後，覺得自己的狀況在快速地進入衰老。三十多年前，我聽過心理學家楊國樞的演講，那時他差不多六十來歲，演講題目是「如果我能再年輕二十歲」，所以，心理學家最想回去的是四十歲吧，不知道在後來的歲月中，他有沒有能完成這項小小的心願？

人生最遺憾的，是時光無法倒流，衰敗從出生那一瞬就進入倒數，隨時隨地都是進行式，沒有一種費茲傑羅嚮往的倒過來活的人生。在《涅槃經》裡說，壽命能活過一劫的天人，還會出現五大衰五小衰的跡象，最終死亡墮入輪迴，那更別提每天發出體臭、兩脅發汗、頭髮散亂、不樂於座的凡夫俗子。引發了兩個屬於我們的問題卻是，第一，能夠在老年色衰還保住青春時的活力樂觀嗎？第二，縱使日日衰退，也能在最後心存著感激嗎？

日本作家天童荒太的《陌生的憑弔者》，藉著一名四處旅行憑弔死者的主角點出，死者另一段生命的開始。旅行者每到一個命案或意外死亡地點憑弔，會問三個問題：死者愛過誰？被誰愛過？曾受到誰的感謝？這是面向死亡的深淵卻能深深的一鞠躬，擁有完美的謝場姿勢又開始了另一段的生命光彩，在微光一縫間充實的活著。

所以，如果真的有一種倒過來的人生，從記住開始了遺忘，從被感謝後再開始了施捨，深深地記住了一杯綠茶的滋味再開始沖泡、洗清你的杯子，或許，到頭來只有禪能告訴我們怎樣過著倒過來活的人生。

英國作家亞倫夏普的小說《吉迪鎮的綠樹》寫道，鄉下墓園有兩種場景，一是墓前放著鮮花，永遠被人記著，另一種是「不折不扣的死者」，墓前雜草叢生，墓碑傾斜毀壞。雖然生後是非誰記得，但我們總是希望將來能被記得，期間的差別在於生前的努力，在於讓我們成為慈悲和懂得施捨的人，在衰敗中記得別人的好，也記得對別人好，當一切成過眼雲煙，還有親人留下的花束，靜靜觀看著眼淚後面的陽光山河。

舉辦一場生前追思會，那不是人生句點前的驚嘆號，而是知道自己終能被感謝的一份寬慰。一個句點不一定代表文意的結束，有名作家就從不在文末使用句點，他用的是波折號和冒號，還有作家最後一句和起頭的第一句是完全一樣的，中間的，要倒著讀或順著讀呢，那端賴你對人生的看法吧。

記得我，這是心願也是遺言，是起頭也是結語，是禪宗所說的時時勤拂拭，當然，也是何處惹塵埃。

最討厭的重陽禮物

這是一則選擇題：如果你已具備重陽敬老的資格，請問你最討厭收到下列的哪項禮物？

一、木頭框裝的大頭照。
二、拐杖。
三、一盒保險套。
四、免費的假牙。

新竹關西號稱是台灣的長壽村，村內有相當高比例的六十五歲以上的老人，曾有學者研究關西長壽的秘訣，認為和飲食清淡、長年務農有關係。這十年來，鎮公所會幫八十五歲以上的長者拍攝照片，並在重陽節送每位老人一個木頭框的照片。有人高興收下，但也有些老人家的親屬認為是觸霉頭，因為很難不聯想到遺照。那麼，如果是你收到這個禮物，你會做何反應？

不過，我也注意到這樣的故事，像關西這樣的農村地區，一輩子都在下田，很少有機會拍照。有人在媽媽去世後，就真的用鎮公所送的禮物當作告別式的遺照，兒子還說：「也許是專業攝影師技術好，在所有媽媽留下的照片裡，就屬這一張表情最生動。」所以，討厭歸討厭，還是偶而有些實際用處。

有些地方像是苗栗，就會送拐杖當重陽節禮物，其實也是有人找到討厭的理由。很明顯的，有些過了六十五歲的老人家走路不需動用拐杖，拐杖變成一種過於明顯的年齡標記。關於拐杖和 50plus 的關係，簡直可以出好幾本專書，但大多數人的人生都熬到了非得不用不可的日子才帶拐杖上場，不太有人覺得送拐杖是一項好禮物。「其實，拐杖不僅顯示一個人的年紀，常常也會顯示出一個人的品味，如果每個人都用鄉公所送的那款拐杖，跟每個人都穿同樣的衣服一樣……就看不出差異性了。」講這句話的人才過六十歲，一直在打聽電視廣告裡肯德基叔叔的那支拐杖要到哪裡買，能不能網購？

基於忠實報導的原則，我們無須花太多篇幅談論保險套，雖然真的有人送保險套當作重陽禮物，收下的人也沒有太多反對的意見。我只能偷偷透露，聽說送這項禮物的是那位長者的妻子，收下禮物的老男人剛好和川普同樣的年紀。至於川普，雖然有一半的美國人討厭他，卻可能以七十歲的長者之姿，改寫美國歷史。

討厭歸討厭，我們還是繼續需要這些事物。幾年前有人做過一個有趣的研究，發現人們最討厭的發明是鬧鐘，因為鬧鐘會以它讓人無法忽視的音量提醒著：「時間到了。」好像所有具有這種功能的發明都讓人討厭，不管是大頭照、越來越派不上用場的保險套、或是假牙和拐杖，都在提醒著你，是啊，人終究會老，時間終究會走向盡頭，就看你要怎樣的面對了。

老花眼：得到的和失去的

這是一則問答題：

過了中年，你差不多在幾歲時必須戴上老花眼鏡？能不能列出一張清單，或是想幾個親身的故事，告訴自己，老花眼給你造成的轉變？

陸續看到一些偶像明星公然的戴起老花眼鏡，心中一緊，直想原來明星也會老，然後又接著想到，原來我們也會老。

多年前電視綜藝節目上，我們從小看到大的張菲就曾開玩笑地承認，他不戴老花眼鏡，就看不清楚大字報上的字，那時我們才幾歲，還沒有太深刻的感覺，也不覺得有一天，這種命運會變成我們的故事。

曾幾何時，和我們相同年紀的藍心湄，也大方的戴起老花眼鏡，美國演員丹佐華盛頓更絕，他在頒獎典禮上撐了一會，只好對著得獎名單，笑笑地拿出老花眼鏡，對著台下老婆苦笑：「是的，我必須戴上老花了。」依年齡來推算，湯姆克魯斯、布萊德彼特這一票男偶像，應該都已老花眼了，卻必須維持著著長春硬漢的形象，真是難為他們了。

我們和老花眼的故事，雖不至如此的戲劇化，但當有一天，或好像真的發生在一瞬間的事，眼睛的睫狀肌用它們的老化告訴我們一件天經地義的事，從此以後，有些東西要失去了，卻也得到了某些的事物。

失去的當然是閱讀的方便。我小學的時候，有個老師就說過，每個人的讀書是有保用期限的，到了老花眼，要戴老花眼鏡才能看得清楚文字時，就已經遲了，老師的意思是：「想要讀書，真的就要趁少年。」我自己與其遺憾不如說是懷念，少年時代鑽在棉被裡讀古龍的小說，那種時光已一去不回。

老花眼應該在四十歲到五十歲間就悄悄上身，有人在四十歲出頭，發現自己看字時要摘下近視眼鏡，那就是老花時代的來臨，現代人喜歡使用智慧手機看電腦，更提早了老花的年紀。但是，視力的故事，顯然不僅是我們面對老年，睫狀肌調節的退化，或是眼睛黃斑部的老化而已，有位護理師四十歲時就戴上了雙焦的眼鏡，她說：「我很早就察覺到，我的助人職業必須維持著好眼力，不然幫病人打針時沒有插好血管，病人會很痛苦。」她現在六十五歲，每到幫病人上針，就要先戴上老花眼鏡。

老花眼讓我們得到的，不就是我們再也不用看得那麼仔細，這也是一種做人的態度，包括年長的智慧告訴我們，有些事應該裝糊塗的時候，就說是：

「唉呀，我老花眼了，看不清楚了。」我們也開始勸那些年輕人也不用事事看得那麼清楚，或是多麼的計較一些字句，或是雞毛蒜皮的小事，到時候，總會老花啊。

你想過哪種時間

這是一個選擇題：金城武在一則電信公司的廣告說：「世界越快，心則慢。」給你的感受是？

一、不是很同意，如果反應不夠快，就跟不上這個世界。
二、同意，發現自己的生活步調，跟以前比起來，也越來越慢了。
三、沒有意見，每天忙得很，沒有想到快慢的問題。

奇怪的是，電信公司追求的不就是速度嗎？怎麼會有快和慢之間比較的問題，但西凛學的研究發現，真的，年紀越大的人越嚮往慢條斯理的生活，二、三十歲的世代不一定就喜歡快節奏，但社會的節奏好像就是這樣的看待著他們，如果選了一，我相信你的心態還保持在相當年輕旺盛的狀態。

時間感覺的快慢感，也有年齡的差異。我記得小時候，大約是小學一、二年級的事，我看著時鐘的秒針繞圓圈，覺得怎麼感覺這麼的慢，每繞了一圈才過一分鐘。幾十年後，進入四十多歲的關卡，卻覺得時間像陀螺一樣的轉個不停，一下子就過去了，一年一年的過去了。

選擇了二的人，應該是四、五十歲的族群了吧，感覺到生活步調和體內的生理時鐘是一起共振的，身心狀態的老化會連帶地讓生活步調變慢，但外在的時間感卻反而加快了。我覺得重要的是，就如美國社會心理學家Robert Levine所說的，你自己想過什麼樣的時間呢？

上個世紀的七十年代，Robert Levine做了一個大型的心理學研究，他們到巴西、日本等東西方國家，比較時間感是不是會影響人們的生活步調，當地居民對遲到和準時的觀念，也列入研究範圍。心理學家發現，在巴西時鐘可能只是列為參考的，遲到三個小時還算是正常的，你大概很難想像，遲三個小時領到週薪的感覺吧，巴西人卻可是司空見慣了，但是到了當時的工業強國像是日本，東京都會的人們走起路來就像行軍，一名巴西觀光客如果進入東京地下鐵，可能會嚇到心臟病發。

其實，距離 Robert Levine 做研究，也過了三十多年了，台灣人的生活步調已從一味地強調快和競爭力，調整到慢活和慢食的呼聲大行其道。Robert Levine 主張「多重生活步調的社會」〈multitemporal society〉，正是我們應該追求的社會型態，很多人年紀坐四望五後，才發現「快活」造成了身心的種種疾病，想要慢卻不知道該如何慢下來。所以，要讓人生展現出 plus 的價值，趁著年輕時，請建立生活步調可快可慢的彈性。

這則選擇題，不管如何回答，都有背後的無奈吧，但是，世界越來越快速擁擠吵雜，我們不一定就要變成那樣。

不只是記住就好

這是一則練習題：

如果，這個選擇是存在的，到達這個歲數，我們可以像哈利波特的世界，把記憶從腦中移除保存成一顆發光的球，想想看，在你的一生中，你想保存下哪些，想要刪除掉哪些？

到達一個歲數後，遺忘好像會變成常態。剛開始，我們極力抗拒，因為那代表著許多的意涵，是我們不想見到的。

但是，我們總會慢慢遺忘，最先是忘記名字，然後是符號、事情細節和發生的順序，最後，如果情況惡化，我們也失落名字和臉孔的關係。多年前，我外祖父生病住院，那是他生命的最後時期，他就常對著探病的訪客叫我的名字，我卻一次也沒有去醫院看過他。在人類的大腦結構裡，名字和人的連結其實相當薄弱，對於名字，我們也沒有什麼好堅持的。

你覺得正確計算的話，人的精密記憶可以維持多久呢？日本作家小川洋子寫的《博士熱愛的算式》有一個特殊的案例，生病的博士只記得八十分鐘內的事，所以每天晚上他都要把他的名字、別人的名字、明天起床要記得做的事，和他一直沒有放棄演算的數學題目都記下來，免得第二天醒來，博士會變成一個徹底沒有記憶的人。有名小孩看見他，就自稱是根號，因為他理了一個根號那樣的平頭，那是博士還有記憶時給他取的外號，博士也始終記得他。

我覺得這本小說提到的人的記性問題，具有一種相當有趣的譬喻，那就是：無論到達哪個歲數，生了何種病，我們還是能記住我們真正想記住的，那可能就是身為人的一種核心了。在近幾年針對阿茲罕默症和失智症老人的研究，也發現了這種記憶的核心。研究者說，不要以為疾病真的會奪走那個人的核心，就算失智症，也活在某種回憶裡頭。

用小川洋子自己的話來說：「我希望呈現出數字的永恆與人類的有限之對比。人類與永恆數字抗衡的短暫光芒，都凝聚在這八十分鐘內。正因為只有八十分鐘，所以，三個人相處的每個瞬間都顯得十分珍貴。」

所以，如果你的記憶只剩下八十分鐘，每過八十分鐘就是一個新的開始，那會不會就是所謂的「初心不斷」呢？那八十分鐘的相處，既是如此的珍貴，又顯得如此的無常無恆，對於記憶，我們應該珍惜，還是應該放下？這個世界、這個宇宙和時空，難道不就是我們記憶的宇宙和時空嗎？

人過了中年後，就會特別地想搞清楚，我們每個人的記憶，到底在時間長河中佔據著什麼樣的角色？像作家齊邦媛追憶她初戀的飛官，那流動的巨流河是有時代意義的，中年後的讀者掩卷想著，那些藏在我心中的記憶，同樣也可以流動成一條河嗎？我可以說的是，其實每個人心中的河，都永遠不可能完全的重複了。

那些因為記憶衰退所造成的煩惱，其實大有補助的方法，舉兩個例吧，第一是曾經寫過《教育的文化》的哈佛心理學家傑羅米．布魯納說的：「我的記憶力大不如前，很多會議的時間都記不起來，所以我就把所有該記的事情記在我的記事本上。」不要再仰賴記性了，買一本好一點的記事本。有很多事情，也不光只是記住就好，布魯納就善用他的記事簿，出版了讓心理學界大感驚豔的講義。

第二，相信是包括我在內，許多人現在都用過的，甚至我在寫這篇文章時都請教過許多遍的，我們稱它Google大爺。

記性和忘性

這是一則選擇題：某則藥物廣告，老婆問老公：「你有關瓦斯嗎？」老公說：「可能有，可能沒有。」下一個鏡頭轉到廚房冒煙的畫面。關於記性，你自己的經驗是？

一、沒問題，我的短期記憶和長期記憶都很行。

二、我常常有想起一個人名到嘴邊，卻又說不出來的感覺。

三、我記得不應該記的，忘記不應該忘記的事。

關於年紀變大的一個徵兆就是，我們會忘東忘西，總有一天忘性會凌駕記性，但每個人的故事版本都不大一樣。有人在關起門後想起忘記帶鑰匙，甚至也有人忘記回家的路。所以，台灣每個都市都設有失蹤老人專線，要幫忘記路的老人回家，但記性卻還是一去不回了。

通常會開始忘記的是名字，如果你看見有人突然停住，使出拼命思索的模樣，他也許正糾纏著一個名字，久久卻叫不起來，好吧，那也是年紀的某種禮物。

這樣想吧，名字是後天給的一種符號，所以當大腦細胞隨著新陳代謝衰退，最先離開大腦皮層的就是名字。我自己就常常想不起來，有時是一部電影，或是一本書的書名，後來總算想起來了，久了也釋懷了，我開始相信，我們最後總是會忘記的。

「總是會忘記的」後來演變成一種人生的態度，很多事情在當下那麼的計較，或是像電影明星計較排名順序那樣，努力要讓自己的名字受到矚目，但是，有沒有想過，在別人日漸老去的腦海中，「我的名字」最後也會是被遺忘的。日本動畫《你的名字》最後停格在互相忘記名字的男女生，卻也是故事的開始。

隨著年紀增長，仍然被強烈記住的，有如掉進海裡的人緊緊抱著泳圈，卻是我們對美好事物的回憶。這在心理輔導實務中應用極廣，面對當事人的壓力或焦慮症候群，輔導員會應用這項策略，要當事人沉浸在美好的回憶裡。所有排行榜中，人們最感到美好的就是童年時光的出遊，像是全家到海灘的漫步，或是一場到日月潭的旅行，縱使過了半世紀，那場旅行的細節依然好像是昨天的事。心理學研究提到，其實愛和恨最讓我們記憶深刻，但我們心中對某人某事的恨意會漸漸消退，最後，我們願意只留下美好回憶。

當名字慢慢的遺忘，湧到嘴邊的一個什麼隨即又消逝在茫茫腦海，沒關係，請停下來，別硬要回想，也不要因為記性變差了就覺得沮喪，記憶會回來的，總是會回來的。那如果真的回不來了，讓我們確立一種人生的態度：

忘記那些你應該忘記的，這是好的，記得那些你應該記住的，這也是好的。

都是七年之癢的錯

這是一則選擇題：從前，有某個葉黃素廣告，老公半夜偷腥回家，老婆跟他說：「你把衣服脫下來，我要洗。」視力不好的老婆看著老公胸前的口紅印說：「以後別吃海鮮，都過敏了。」依照你的生活經驗，你覺得哪個描寫合乎實情？

一、這個老公應該不是第一次做這件事了。
二、都已經是結婚三四十年的老夫老妻了，有時候老婆是故意視而不見。
三、可見後中年的人必須補充葉黃素，才不會吃虧在眼前。

好了，我不想知道你的答案，但是，如果把問題改成：「丈夫夜半回家，胸口有一抹紅，你覺得是怎麼一回事？」那些結婚早已超過好幾個「七年之癢」的資深丈夫會心一笑，多半會給出正確的答案，資深老婆心知肚明，有時候會幫老公找藉口：「男人嘛，有時候需要應酬的。」葉黃素是年過五十的人必備的保養品，但是，在資深的婚姻裡，海鮮過敏還是極少見的個案，尤其是在夜半發作。

其實，這幾十年來，婚姻輔導工作者早就發現，在後中年的族群間，「春嬌志明」情結是非常普遍的現象。老妻子難免在心內把自己嫁的這個男人和別的男人做一番比較，後悔當年怎麼沒有選擇「績優股」，並且開始學會對丈夫常常「海鮮過敏」視而不見。當身邊的「老婆」變成名符其實的「老婆婆」後，男人心內的嘆息不知何時會轉變成行動，想藉著交往小女生證明自己寶刀未老或很適合吃海鮮，但是，四十年前王夢麟不早就唱過「看看自己的長相」了嗎？她是老去的春嬌，你是老去的志明，老天很是公平。

十幾年前，當《美國心．玫瑰情》獲得美國奧斯卡最佳影片獎時，我工作的雜誌做了一個小調查，沒有意外的發現，四十歲以上的已婚男子有超過百分之五十幻想過「地下情」，有百分之二十左右實際採取過行動，這跟最近某位海字輩法師開示「哪個男人沒有搞過小三」有異曲同工之妙。那次調查有一個開放式的問題，最讓我印象深刻的是，有位未具名的五十來歲男讀者回答「你曾經有過的性幻想」時說，「和女兒的同學嘿咻。」我不知道是不是受到電影情節的影響，當然我也不知道，這種事後來有沒有發生。

對後中年族群來說，肉體的老去和心內情慾流動是同時在發生的事，也不要以為自己這樣想就會變成「怪大叔」或「狼大嫂」，如果你的另一半真的帶著一抹紅回家，那會不會如法師所言是你的「眼睛業障重」，一切都是假的，也提醒你要吃葉黃素了。

誰來坐博愛座

這是一則公投題，因為沒有對錯，只有選擇，所以稱為公投題。

請問，有超過七千名公民連署要求取消大眾運輸工具上的博愛座，你贊成嗎？

中年已過，老年未滿的人，面對博愛座，總有些許尷尬的情結。像我，如果匆匆忙忙走進一個擁擠的捷運車廂，博愛座上的乘客看來比我年輕，但只會看我一眼，打量我白髮蒼蒼的模樣，卻不會讓座。那時，我心裡偶而會湧出安慰：原來，我的外表看來還沒有那麼的老喔。

不過，如果博愛座有空位，現在我都一股腦兒的坐下去，同車的人也不會提出異議。處在這種年齡夾層的尷尬期，是五年級生的特質。

其實，要能夠心無旁鶩地坐進博愛座，牽涉到個人對自己的認同感。我常見到在登山步道附近的公車站，七十多歲的老人家全副登山裝上了公車，人家要讓位給他，他堅持不坐，直說：「我還可以站。」但也有這樣的故事：實際年齡已滿六十歲的女性遇到讓座，說什麼也不肯坐，嘴巴直說：「我看起來很老嗎？我看起來很老嗎？」

所以，與其說設博愛座是表現出大眾的愛心，還不如說那是對年齡認同感的一種考驗，我自己就從說什麼也不碰博愛座，到慢慢地靠近，四下無人就坐下去，直到現在可以放心地坐著，那是不是表示著我對自己年齡的認同感呢？

不僅在車上，這種可以坐博愛座的認同感也逐漸地擴充到生活的所有層面。譬如，目睹年輕人瘋韓流、在你周邊玩著各種手遊，用你從沒有聽過的網路術語講著你所沒有講過的話題，當所有的流行歌手你已經一個都不認識時，年齡認同感就可以讓我們感到安心，「是啊，因為我都可以坐博愛座了。」當人漸漸變老，這件事也不是一瞬間就來到的，某一種好處就是，我們不用再像年輕時那樣一味地拼命追趕，開始擁抱緩慢，遲早我們要選一個位置坐下來。

我覺得，博愛座會成為社會關注的議題，那是因為我們對誰該坐博愛座有著過於僵硬的認知。其實，也因為「博愛」這兩個字投射著我們對老弱婦孺的刻板印象。開始有人提倡將這個名稱改為「優先座」，或者仿照韓國釜山市，讓有需要的人戴上臂章，讓這兩個藍色的座位，變成有需要者的專設席，卻不再是區別年齡或者誰才是老弱婦孺的色塊。

都市設計者常說，面臨高齡化社會的來到，我們的都市已需要更新的設計觀念，要不要保留博愛座，也是其中一項。

你有多長照

這是一則是非題：

隨著長照的問題受到政府的重視，目前研議長照將採營業稅的方式尋找財源。長照主要是補助有需要的家屬為長者聘請居家服務員，最重症每個月有九十個小時，如此一來，應該就可以解決未來老年人口增加的問題。請問這些敘述是否為真？

隔壁床躺著一位姓藍的老先生，我知道他的生肖屬虎，有一天聽到他在電話裡說，以後他要趁走得動時多多走路。

他說：「我在走來醫院的途中，看到許多老人坐著輪椅，由外傭推著在外面曬太陽，內心就十分感慨，以後我要多多走路，有機會就多走路，免得變成他們那樣。」

對年輕世代來說，長照似乎是一個關於未來和財政的問題，但就將進入七十歲大關的藍老先生，「長照」這兩個字所代表的似乎是身體的病痛、坐輪椅曬太陽和圍在身旁吱吱喳喳說個不停的印尼語。到了某個年紀以後，長照總會從身體的某個部位引發快速的聯想。譬如，藍老先生心裡的小人兒必定想著，有一天他就不能再走路了。

其實，不管長照的政策將來有沒有落實，老化的人口逼得應該已進入中年的子女和家屬，還是得負起大部分的照顧責任。長照對居家服務員時數的規定和看護費的補助，在事情真的發生時，根本無法依賴。

譬如，有位王老先生在八十歲時生病，由家人申請居家服務員，每周有固定的時間來探視他，為他做個人清潔甚至餵飯。但是，當居服員來探視的時間內，王老先生卻不一定有這些需要，但是居服員還有其他的行程，無法做到有需要就隨喚隨到，這是長照的無奈的品質。

其實，「長照」喚醒了進入中年大關者的心內警鐘，一方面他們必須開始承擔上一輩的病痛和老年的依歸問題，另一方面他們又得籌措照顧的財源，並且自然而然在午夜時分想著自己的未來。

可想而知，這一題是非題的答案是(非)，老化人口的增加，絕不可能只靠長照政策的推行。但是，我們已經進入長照年代內，成為其中的一環，我們可能是照顧者，將來有可能成為被照顧者，趕快更新長照的知識，意思就是說，我們都應該學習當個照顧人的人，並且在輪到自己時，表達心內的感激。

關於長照的理想，我心中想起美國前總統艾森豪和友人在公園漫步，看見有對夫妻牽著手走在前面，友人讚嘆：「世界上還找得到這麼美麗的畫面嗎？」艾森豪說：「有的，一對老夫妻。」

第四類

半

讓將一半給人間

遺囑，最後的訴說

這是一則選擇題：請問你有沒有想像過怎樣寫自己的遺囑，你認為一張遺囑內應該包含哪些內容？

一、你的財產受益對象。
二、你希望家族後輩幫你完成的事。
三、你對告別式舉辦的要求。
四、你的器官捐贈意願。

梅莉史翠普演活《走音天后》那部電影裡，生活在戰時美國的佛羅倫斯女士，這位年輕時即罹患梅毒的富婆五音不全，卻夢想著開一場演唱會，電影裡，她擔心自己隨時都會去世，隨身帶著一只公事包放著她的遺囑，隨時想到什麼，拿出來修改，加上一筆。

現實中，大概沒有人會把遺囑帶在身邊跟著跑，許多台灣人覺得，談遺囑實在觸霉頭，從而把時間延後，總認為寫遺囑的時候還沒有到。但是，誰知道呢？

遺囑好像很有戲劇性，電視劇中，一篇遺囑可以引發大家族的爭奪之戰，但在小小的人民心中，我覺得遺囑意義不應該僅是財產的分配，也是一個人最後意志的展現。

當然，我們的時候都還沒有到，無妨就把遺囑當作想像遊戲，我們的中年已經過去，或許可以將一生做一個粗略的回顧和整理，你覺得別人會怎樣記得你，你的專業、表現還是人格的溫暖面？你想在遺囑上如何訴說？有一個更深沉的問題則是，你有什麼必須透過遺囑來訴說？

我聽過有一個流傳甚廣的故事，有一名老富翁跟兒女都不親，他老是覺得子女對他的遺囑要把財產分給誰，比聽他講話還感興趣，沒有人願意跟他好好的吃一頓飯，他孤獨地走完一生。當兒女聚集聆聽老父親的遺囑，謎底揭曉，遺囑只是一張白紙，老富翁把他的財產悉數捐出。這張白紙的訴說，勝過千言萬語。

日本作家中村仁一寫的《大往生》有一句話寫道：「什麼都不做，也是一種體貼。」指的是終期醫療對待臨終病人的一種心態，但是我這樣引申，真正的遺囑，也是什麼也不必說，但每個人都知道你要說什麼吧。最直心的說，是無需再說，這也是釋迦牟尼圓寂前所留下的遺囑。照我的看法，交代自己想要怎樣的離開曾經摯愛的世界，也就夠了，其他的，就留給後人去訴說吧。

回到《走音天后》的故事，佛羅倫斯女士因為進卡內基廳表演而備受奚落，最後抑鬱而終，但她在臨死前說了一句擲地有聲的話：「他們可以說我不會唱歌，但不能說我沒有唱過。」我讚賞這樣的生命態度，試過那麼一遍，值得佛羅倫斯女士一直等到老，一直在等著她的機會，這真是她留給世人最好的遺囑了。

插管和人生

這是一則選擇題：想想你最愛的人或你自己將來可能面臨插管的難題，請問你的選擇是？

一、生命是最重要的，一定要窮盡所有醫療手段。
二、我會尊重當事人的選擇，如果是我，也請尊重我的選擇。
三、活得精采，走得瀟灑，我不要做任何侵入性的治療，也不要我的親人受此折磨。

根據報導，前副總統李元簇高齡去世前，醫師曾評估如果插管，李副總統還可以再活一年，但李副總統認為他有許多故舊、學生來訪，見他插管很沒有尊嚴，所以還是決定順其自然離開了我們。我不知道這份報導中，有多少真的是出自老人家的意志，因為在現實裡，許多人面臨要不要插管，都已不再是自己的意志使然。

一位老人家的生命權和尊嚴間的拔河，已經上演過無數回合。在五月間，也由於瓊瑤和平鑫濤兒女間的爭議，再度喚醒社會注意這項老議題。每項新聞評議都說，這種爭議沒有誰對誰錯，但鑽到心坎裡的為難，比瓊瑤自己的小說還婉轉曲折。

當插管的對象是自己的媽媽或是爸爸，才知道萬般的艱難和不捨。我認識一名七十多歲的祖母，她的媽媽已經去世整整十年，卻一直存著遺憾，認為當年就應該給媽媽插鼻胃管，也許再過幾年，治療疾病的新藥就會上市。「要是給她插管，說不定我現在還有一個媽媽可以探望。你到公園走走，不是很多人插著管活著嗎？」在她那一代人的想法裡，想辦法讓爸爸媽媽活著，還有人可以叫，就是盡孝道。

但如果自己面臨到插管呢？當過衛生署長的葉金川說，他要放棄插管，有尊嚴的走。也有醫生受訪時說，這個問題不難，插了管能活起來最好，不然就再拔掉啊。但是，插進去要再拔掉，那只是把生死的問題往後推延，那時候，又是一番更痛苦的抉擇。

有時我會這樣想，尊嚴到底是什麼，是不是所有被插管的人就等於沒有尊嚴？插管也許是一種醫療行為，也是一種人生的態度。日本漫畫大師手塚治蟲的漫畫《怪醫黑傑克》，有一集講到一個老人得了怪病，即使黑傑克以高超的手術也不能保證能延長老人的壽命，但老人最後還是決定接受手術。幾個月後，老人還是走了，他卻託人轉告醫師，「謝謝醫師，我感到生命多麼的美好。」

或許這樣想吧，插不插管，是否自己已失去了決定的意志，我們都心存感激，謝謝有這麼多人為我們的生命做過努力。我們愛過，也活過了。在面臨插管之際才來歌頌人生，看起來好像有點諷刺，或者還有些黑色的喜劇感，但人生不豈就是如此？

50 plus 人生要更好

這是一則選擇題：如果你已經過了五十歲，對於五十歲的人生大關，你的真實感受是？

一、那年我過了就過了，也沒有特別的做什麼啊。
二、回憶以往，那美好的仗我已打過了，以後不再有黃金歲月。
三、五十歲的生日，我舉辦了一場盛大的生日派對。
四、五十歲了，開始哀樂的人生下半場。

民歌四十演唱會，是回憶的場合。輪到包美聖登台，她專程從美國回來，提到四十年前，她還是個十九歲的小女生，比賽時心情緊張，只想把〈小茉莉〉這首歌唱好，多年後，歷經幾乎可稱為人生的滄桑，包美聖說：「現在是我這個五十八歲的老女人，要去擁抱那個才十九歲的小女生。」就算活到了五十八歲，包美聖的靈魂仍擁抱著小小的茉莉，沒曾凋謝。

其實都已進入了後中年的關鍵歲月。所謂的「50plus」，也許始自三十歲的某個冷冷清晨，也許到了四十歲、五十歲或者六十歲後，才自覺到後段人生的開始。也許來自身體的變化，讓我們更加的關心起身心靈的健康問題，也許，也是高齡化社會的普遍心情寫照。

好吧，不管你來到了三十歲、四十歲還是五十歲，每種年齡階段都是人生旅途的重要關卡，有人跨過去，就領略到另一番的生命風景，想法從此就和年輕時不一樣了。有人在年齡關卡前躊躇不前，卻沒有想到歲月仍無情地將他們往前面推過去，變成撲倒在沙灘上的前浪。

有沒有想過當你五十歲時，你擁抱著什麼樣的靈魂？

當某種具有指標的年齡逼視眼前，就連平時論盡世間事的作家，也油然升起了強烈的年齡意識。到了那種年齡階段，你會出現什麼樣的自覺感呢？昔日的小飛俠還在體內想要飛，還是早已變成電視機前笨重的老飛俠？對一名女性來說，昔日「你可以更靠近一點」的豪語，會不會讓「保持距離才有美感」所取代了呢？

心理學家艾瑞克森將成年後期定位在四十歲，和四十歲相較起來，五十歲其實更是銜接老年和中年的後繼站，很多年輕時沒有做的事，推託以後有時間再做，許多的夢想，到了成年後期就變成沒有藉口。艾瑞克森說，成年前的生命階段任務包括童年、青少年、青年期若一一完成，得到的禮物就是生命的統整感和滿意，否則就將是幻滅般的失望。

後中年族看著自己日漸鬆弛的身體，對於曾經擁有的即將失去開始徬徨，女性開始談著「小鮮肉」，男人則迷戀永恆的「青春的肉體」，這是美國女星梅莉史翠普的魔咒，卻也是後中年族越來越不可得到的。

如果，你曾經關心過「海神效應」這樣的專有名詞。在醫學教授諾特邦所做的研究裡，發現雄性金絲雀的大腦，會隨著歌唱能力而改變，證實了幹細胞具有再生的能力。在康齡階段，再生、回春和幹細胞等等，將會特別的受到歡迎。我們也更會關心著身心靈的保養，希望延長身體的保用期。

人生下半場，如果覺得自己比數落後，當然還有追趕的機會，當然，對後中年的族群來說，某句心理學上的術語永遠最適合我們的心情：「人生不僅變老，也會變好。」

到了這個年紀，想高聲唱李宗盛〈山丘〉的時候，或者，四下無人，低聲對某人唱起了潘越雲的歌，謝謝你曾經愛過我，現在我什麼也不想說。

50 plus，你準備接招了嗎？

柯P的50 plus測驗

這是一道測驗題：

五十七歲的台北市長柯文哲，在二〇一六年的二二八連續假期後，被媒體封為台灣最強的歐里桑。他挑戰從富貴角到墾丁的一日雙塔的單車行，雖然因為氣候關係延遲了四小時才到，卻已創下讓許多年輕世代瞠目結舌的紀錄。事後，連柯文哲的媽媽都表示反對此行，柯文哲坦言，他覺得自己越來越老了，體力越來越不行，想要藉此考驗毅力和意志。

如果你差不多就是柯文哲的年紀，請問你可能有的反應是：

一、趕快研究雙塔的直線距離和路線，仔細研讀新聞，然後發出你的議論和觀點，從此束之高閣，就當做這件事沒有發生過。

二、雖然非常敬佩柯文哲的體力和毅力，但你隨即想起，這位大市長可是名亞斯伯格症者，結論：「正常的人不會做這種事。」

三、你大大的不以為然，雖然你的年紀離柯媽媽還有一大截，卻非常贊成她的看法，五十歲以上的人就要服從歲月的定律。

四、你耳邊響起了北歐搖滾樂團羅賽特的名曲《Listen to Your Heart》，想著也要來計劃一場自己的雙塔之行，但是，時間也許晚一點，等明年二二八假期再上路吧。

柯文哲的紀錄，想必讓許差不多年紀的族群感到自嘆弗如。也許許多後中年的男人，就像那支廣告所預言的，慢慢就只剩下了一隻嘴。精神分析學家佛洛伊德當年提出的心理防衛機轉有一個是「過度補償」，也就是說當事人心中有一股壓力要他不要去做某事，為了平息此種焦慮感，他選擇的方式是做得更多，更遠遠的超出他的身心範圍。我不敢說柯文哲的心理狀態就符合這樣的解釋，但過去某些針對五十歲族群的研究就提到，這個年紀關卡是有一種焦慮感的，覺得要不是已經做到了，譬如得到了夢寐以求的獎，賺到了人生的不知道第幾桶金，或是完成了登百岳的紀錄，就是永遠再也不可能有機會了。

但是，能不能這樣說，當我們的想像裡出現了柯P這號人物，那些選了「一」的人，從此就不能當做什麼都沒有發生過了。有了柯文哲現象，50 plus這個字眼的重音就會落在plus，在五十歲以後繼續開發屬於自己的附加價值。

那些選了「四」的人，祝福你，雖然作為中年族群，我常常在想的是，這個年頭，到底要 Listen to Your Heart 還是 Listen to Your Body？

用衣服講故事

這是一則問答題：

人的一輩子擁有數不清的衣服，你想你擁有過多少件衣服呢？這麼多衣服裡，有哪一件是你已經失去，卻最想念的呢？還有一個問題是，你相信什麼樣的歲數，就穿什麼樣的衣服嗎？你自己服從這樣的穿衣規則嗎？

每個人的衣櫥裡放著人生階段穿的衣服，過去了就不能再穿，卻捨不得丟棄的，最明顯的是高中時候的制服，二、三十年後步入中年的身材，幾乎都不可能再穿上高中制服，如果你還留著，那顯示你是個懷舊的人，或者，高中歲月對你具有特殊的意義？

在多年後的同學會，相約穿上高中制服，緬懷時代的意義很快地就變成對身材的感嘆，你也可以說中年就是一場衣服的喜鬧劇。有位讀過北一女的女性，二十多年後要穿回那件小綠綠，就不由得感傷起來，當年為什麼可以把自己塞進這件制服。有名中年男人穿上高中制服，那年流行反叛和耍帥，他去學校邊的市場訂製喇叭褲和腰身非常窄的卡其布制服，卻是現在他極力禁止兒子穿的式樣。

關於你衣櫥裡的衣服，你記得每一件的故事嗎？都是不是按照生命階段的順序輪番出現在你的記憶裡？照理過時的、已經不能派上用場的衣服都會被丟棄、送進回收箱，但有位四十幾歲的女士卻說，她從十二歲記得媽媽給她買的一件蝴蝶結格子裝起，所有的衣服她都放在衣櫥內。

好像有一種不成文的規定，二十幾歲的女生才可以穿迷你裙，小男生才可以穿T恤，三十到四十世代屬於洋裝和正式的西裝，六十歲以上的人也有一套認定的穿衣規則。我認識一名五十幾歲的女性穿著迷你裙上班，把自己裝扮成像永遠活在二十歲，引起眾人的議論，她卻說：「我有本錢秀出我的修長美腿，為什麼要被年紀所限制呢？」不過，辦公室的那群女性一抓到機會就拿她的穿著做文章，認為自己過了五十歲應該沒有勇氣穿迷你裙，也沒有人有勇氣去告訴那名女性，她的那雙腿到底有沒有自以為的那般修長？

我讀大學時，有位教台灣史的尹教授一年到頭都穿著深藍色的長袍馬褂，變成了校園一景，我記得他說過，那樣的穿著就變成了他的註冊商標，那時他最多四十歲，二十多年後，我偶而在電視談話節目看到尹教授，卻已穿回了西裝領帶，那時他應該已六十多歲了吧，我一直覺得，這十多年來他的穿著，顯示出一種生命的態度和翻轉呢。

你的一輩子，就用衣服來給你講故事。

你是老夫子還是大番薯

這是一則選擇題：隨著《老夫子》漫畫作者王家禧（筆名王澤）高齡辭世，象徵著華人圈裡一個關於老年印象的結束，對於台灣的四、五年級生年輕時候就非常熟悉的漫畫人物老夫子、秦先生和大番薯，你覺得當自己的年紀逼近他們的時候，你比較欣賞那一位？

一、老夫子。
二、秦先生。
三、大番薯。

《老夫子》應該是香港人的創作漫畫中，在台灣知名度最高的一套。四、五年級生應該都知道老夫子，那種接近阿Q和中西文化間拔河拉扯的矛盾性格惹人發笑，繼而又會想著，我們希望自己老年，也就是這個樣子嗎？

年輕一點的秦先生是對照組，大番薯和老夫子卻恰巧就是老年生活的兩個寫照，老夫子勞碌命，富有正義感又讓他閒不下來，漫畫中的人物雖然崇拜西方文明和民主生活，卻總是穿著清代老學究的標準配備出場，活脫脫就是時代夾縫間的矛盾人物。就像歷史學家孫隆基提出的，老夫子代表著典型的「身」和「心」的分裂。然而，王澤創作的這號人物，卻剛好也演繹出台灣人這百年來所遭逢的命運，所以，漫畫受到歡迎，應該有著更深層的理由。

也不要以為大家都想當老夫子，就有人說，大番薯看起來懶散、得過且過，天性就是不會計較，反正發生事情總會有老夫子來承擔，他的矮肥身材又常被當作減肥失敗的嘲笑對象，他卻又懂得自嘲，這樣的人物，也常被當作真正的老年性格的樣本。老夫子可遇不可求，大番薯卻活在我們身邊。所以，有一派擁護大番薯的人士說，誰要像老夫子那樣什麼事都跑在最前面，七老八十了還想當護花使者，還想著拯救世界，都要衝到第一線。「老了，就是要服老，」有人說，「大番薯是不折不扣的樂天派，也是上天送給老年的一項禮物，也是標準的犬儒。」

我覺得老夫子當然就是王家禧的投射，他的生存歲月，橫跨英國殖民和回歸中國的兩段時期，他的前半生相信的價值到了下半生卻又面臨考驗，老夫子當然也反射出這樣的矛盾。

當然，台灣差不多年紀的老人家，同樣橫跨日本殖民和民國的兩個時期，我常看到四五十歲的作家描寫他們的父親「日式教育性格強烈」，不容易靠近，不輕易講心事，就是跟兒女不親，但沒有人真正關心他們內心的矛盾和撕扯，每個老年人心內的老夫子，都在等著被釋放出來。

那麼，再問一次自己吧，在你的身體和心內住著的，等著冒出頭來的，究竟是老夫子還是大番薯？

我們的生前追思會

這是一則練習題：

有沒有想過你自己的告別式或追思會，想像有誰來參加，講些什麼話？停留在這個想像裡一下，甚至想像自己那時的模樣，這就是你所想要的嗎？

資深運動主播傳達仁上書給蔡總統請求通過安樂死，還舉辦了生前追思會，將每個階段的人生、朋友長官和同事一起找來，共同回憶他們所經歷過的年代，和這個人所締造的傳奇故事。

真正的追思會，是當事人無法參與的，當事人也無從知道別人怎樣的懷念他，給他什麼樣的評語，但在生前，也許是晚年某個重要的時刻，藉著回憶錄或是傳記的出版，來辦一場這樣的，共同回憶的盛會。

如果這是當事人所招集舉辦的，那個意義就在於，他覺得每個人生階段有哪些人對他是重要的，是他必須邀請來的。在職場上或是學校歲月，每個人都會遇到的小人或是敵人，應該不可能受邀出席。所以，生前追思會形成一個互相取暖的氛圍，那對當事人卻是別具意義的，因為，那等於他一生回顧對生命的統整，他對自己的生命歷程，感到滿足還是失望？

或許，許多中年以上的人都想過自己的追思會，有那些人來出席，留下什麼樣的評價，會不會像是馬奎斯的小說場景，只剩下禮儀師會來，「將軍孤獨地躺在他華麗的棺柩。」或是像一場伊丹十三的電影《大病人》，癌末病人知道自己不可能再活著走出醫院，把握最後的時日，來一場和舊日友人的歡喜相會吧。那種態度是淡然和灑脫，說看破生死可能太沉重，但就像伊丹十三電影改編自山崎章郎的作品《人生的最後一課》所揭示的，如何好好的告別，是人生最後的，也可能是最重要的一課。

我們經歷過的人生的各個階段，每個階段對我們重要的人，可能互不相識，所以，每個人就像人生階段的串場，在相遇告別和重逢間，串起了每個人的一生。過了中年，我們常在高中同學會上神來一筆，聊起大學同學的往事，然後愣住悟到，「不對，我講的事情要過好幾年後才發生。」若是在同一天舉辦國中、高中、大學甚至昔日公司同事的聚會，在那一日內，人生就會像走馬燈般的一幕幕的穿梭搬演。

每個人的追思會因此都是獨特的，代表著自己的生命色彩，也象徵著別人怎樣看待著這個人，或往後他的歷史評價。現實生活裡，狄更斯的小氣財神，有三個耶誕的精靈為他揭曉過去、現在和未來的情景，讓他知道趕快改變現在對待別人的方式，這種是可能不會發生，但不需要精靈現身我們也知曉，過去塑造現在，現在的繼續塑造未來。

以房養老，總有一天等到你

這是一道選擇題：在老年經濟還沒有獲得充分保障的年代裡，滿六十歲後申請「以房養老」，已經變成許多人年過中年後慎重考慮的選項，請問下列哪一項並不屬於現行以房養老的辦法？

一、逆向抵押貸款（RM）。
二、售後租回年金屋（SL）。
三、確定以租代售預貸款（SM）。
四、社會照護服務（SC）。

你已經在考慮以房養老了嗎？

過去，在我們平常的生涯規劃裡，好像從年輕的時候要做的三件事，是為了以後的打算，這三件事就是買房子、生小孩及準備養老基金，當然，順序不一定就是這樣啦。

現在，「養兒防老」這樣的觀念早就遭到挑戰，那總有一棟房子是有價值的吧，房地產既然能提供我們未來的經濟保障，那觀念和優先順序恐怕就要改一改了：養兒育女變成一種消費行為，為了將來著想，先買一棟房子再說吧，而且也要開始注意這棟房子的保值性。

其實，我真的認為「以房養老」最少可以實現在地老化的理想，你不用賣了房子拿到錢，還要去煩惱住到哪裡去的問題，可以選擇和房子一起老去，那些銀行、保險公司和社會組織開始高唱「總有一天等到你」。

但是，當這個風氣普遍起來，也將打破要把房子傳下去、甚至有一個祖產的概念，幾十年後，也許是下一個世代來臨前，我們曾經住過的、度過童年和青少年時期、做過許多白日夢的、父母或祖父母的那棟房子，就要變成銀行、保險公司、政府或某個組織的資產。

我不是說這樣不好，但一棟有人居住過的房子，就是要藏著某種記憶的厚度，年紀越長，我就越喜歡那種厚度。有位記者朋友，姓李，我們曾去參訪過他位在金山的老家，那個古厝群擁有北台灣唯一的風水池，祖祠前有一大塊的溼地。儘管李家子孫開枝散葉，但朋友常說退休後要來寫這個古厝的故事。

參訪後，我們其實很羨慕他，因為他的家族透過古厝的保存，留下了一個堅固的傳統。「我上一代的幾個伯伯，年紀大了以後，選擇回到老家附近居住，」朋友這樣說道，「對他們來說，守護老家是一種榮譽的傳統。」但是，我這位受過高等教育的記者朋友也說，到了他們這一代甚至下一代，這種觀念卻淡薄了。

唉呀，老這件事是隨時隨地都在發生的，那是時間波動的無奈，而一棟房子，有時能經歷過歲月風霜的流動，那是空間戰勝時間的最後的勝利，「以房養老」既是經濟壓力下的產物，也透顯著一種無奈吧。

這一題的答案是「三」。

你要多愛瘋才夠？

這是一則填空題：

自從一九七三年摩托羅拉的第一支手機問世，十年後開始量產以來，手機已經充斥在世界的每個角落，變成地球人的必備品，請問四十五歲以上的世代，你是在＿＿＿歲擁有第一支手機的，從那時候到現在，你已經換過＿＿＿支手機。

關於第二個答案，如果你回答不知道，那也很正常。關於個人的手機史，許多人跟我們一樣，沒有詳細的紀錄。但是，每到蘋果推出愛瘋新世代，或是三星有新手機時，淘汰舊機，換一支新機也變成了風潮。

不知道從什麼時候起，送手機已是最速成，也最簡單的生日禮物。四十多歲的媽媽要送給進高中的女兒一份禮物，她想起自己的青春期，媽媽送她一套洋裝，爸爸送了一本書，「那根本就是他們自己喜歡的東西嘛。」當時的小女兒心裡這樣嘟嚷著，三十年後她有了機會彌補當年的遺憾，左思右想，卻拿不定主意，女兒自己來跟她揭了底牌：「媽，我同學都有最新的愛瘋喔。」

但是，等等，過了四十歲的人，應該有足夠的閱歷和視野了解一件事：手機絕對不是最好的禮物，手機的氾濫和使用者的喜新厭舊，正加重地球的負擔。廢棄的手機，也已是讓人頭痛的汙染源。

根據綠色和平二〇一六年調查台灣等七個地區的手機使用情況，台灣每人平均擁有5.41支手機，算是重度使用者。有意思的是，面對各家廠商每年都推出新手機的趨勢，台灣有56%覺得廠商更新產品的速率太快，最希望延長手機的使用壽命。當然，這說出了許多五年級生的心聲。

四、五年級生面對手機這種玩意，有著相當複雜的情結。他們在二、三十歲後才有機會接觸手機，原本把手機當成簡單的通訊工具，卻沒想到手機的功能越來越繁複，汰換速度越來越快，已經凌駕成現代人僅次於生命的工具，手機代表的是一種瘋狂旋轉，隨時隨地都on call的生命型態，但能不能慢下來啊，過了五十歲，心中這樣微弱喊著，卻還是在捷運車廂中掏出手機，望著身邊忙著玩手遊的年輕臉孔。

改變，也許正要悄悄發生。綠色和平的調查應該只是個開端，幾天前，去訪問一名六十多歲的作家，他說他沒有用過手機，我驚訝地問道：「那要找你怎麼辦？」「我有電話和伊媚兒啊，而且，真要找我，你不是也找到我了嗎？」這，也是開始。

過了一個年齡關卡，應該有勇氣跟這個習慣愛瘋的世界說不吧。到頭來，還是要問，你要多愛瘋才夠？

你想老在哪裡

這是一則選擇題：「老化指數」指的是某個地區六十五歲以上的人口，和十四歲以下人口的比例，這幾年台灣已進入高齡社會，根據調查，新竹市是最年輕的城市，南下到雲嘉南一路到屏東，老化指數都偏高，但是，來問一個問題吧，當你老了以後，你希望老在哪個縣市？

一、台北市。　　二、花蓮縣。
三、新竹縣市。　四、台南市。

一看之下，這個題目顯然沒有標準答案，很多人想像中會選台北市，因為台北匯集了最好的就醫資源和社會福利，也因為許多人在五十歲前都在台北打拼工作，台北如果曾經讓他們挫敗，卻也給了他們數不清的光榮時刻。但是，我知道許多台北的工作人，卻嚮往去花蓮購地建房屋，看中的是花蓮淨土般的風景，小時住彰化，然後幾乎一輩子住在台北的粉領族說：「我對五十歲以後最具體的想像有兩個，一是我要去世界旅行，第二就是我將來要離開台北，搬到花蓮去，」她的語氣變重，差點沒有因為很重要，所以要說三遍：「如果一個人的一輩子都住在同一座城市，這種人實在太悲哀了。」

台灣人對花蓮的好印象，應該來自旅遊，十幾年前，有位美國裔的環保律師身體出現狀況，就曾接受安排到花蓮調養，開始有機的飲食，我去花蓮看他，曾經隨著他騎腳踏車到七星潭。但他身體好轉後還是選擇回到台北為環保奮鬥，還選過功敗垂成的立委。對他來說，生命的意義就是曾經奮鬥過、在乎過。但我已多年未見過他，沒問過他想在哪個地區老去。

我念博士班時的教授老宋，已在二〇一五年退休，退休前，他就已搬回新竹的鄉下長居，有趣的是，他以超過六十歲的高齡去考了重機車執照。老宋說，考執照那天，他從櫃子裡找出一件年輕時穿過的皮夾克，說不定就是馬龍白蘭度在《飛車黨》亮相的同一款，路考現場來的都是跟他差了一甲子的年輕小夥子，他看到一名年紀看來跟他差不多的人，趕快高興地過去問對方的年紀，「沒想到整整差了十歲。」那一年，我們跟老宋在新竹鄉下餐敘，他騎上重機車揚長而去，說假日時他會騎車去港口的魚市買幾條魚，回家可以吃一個禮拜，我想，這是老宋規劃的退休生活吧。

無論最後我們選擇了哪個城市老去，應該在選擇時，對當地生活功能的能和不能，有了一種起碼的想像。這種想像，說不定從四十、五十歲就已展開了。當然，許多人選擇葉落歸根，讓童年和老年的生活想像連在一起，這樣也很好。

電玩英雄，傳奇不老

這是一則選擇題：寶可夢掀起了全球抓口袋怪獸的熱潮，台灣人也不例外，卻也意外引發了大型電玩機台的懷舊風，如果你也是四、五年級的大叔大嬸，肯定會懷念那些讓我們掏出硬幣，不過關就不死心的歲月，下列的電玩，你最懷念的是：

一、小精靈。　二、小蜜蜂。　三、超級瑪利歐兄弟。
四、快打旋風。　五、金剛救美。

這一題肯定沒有標準答案，也可以是複選題。我自己則對「超級瑪利歐兄弟」有一份說不出來的懷念，儘管這個電玩後來推出了好幾代的遊戲，拍成了電影，我卻連第一代遊戲也沒有完全過完關，到現在有時還在想，在那些水管的盡頭，會出來哪種厲害的怪物？

那個年代的電玩，各有個性，不像現在的手機遊戲，過度的誇張聲光效果，所以，讓我們來試試，為每種電玩的愛好者診斷個性。當然，距離那個電玩歲月也有三十多年，許多人已跨越過了生命的黃金時期，你儘可以測驗自己的發展和電玩性格學說的準不準。

愛玩小精靈的人，說不定對股票、期貨、外匯等投資工具感到興趣，他們喜歡追趕，別人對他們的追趕，反而讓他們產生一種說不出來的快感，夢想在追趕的遊戲裡吃到大力丸，在所有電玩類中，他們的投機性格也破表。

「小蜜蜂」的愛好者，性格則是另一種故事。他們喜歡秩序和一種既定的格局，縱使有攻擊和被攻擊的危機意識，也期待危機是按部就班來到的。

他們應該很適合擔任公務員，希望對未來發生的事有一種明白的掌握，其實，電玩螢幕外的世界，才是他們真正要去應付的。

「快打旋風」是打鬥類電玩的始祖，也是最多心理學家投入研究的類型，這三十年來從校園霸凌到社會鬥毆事件的增加，常被歸因為打鬥電玩的興起。這種人進入職場，也可能會帶起對決的風氣，無論什麼事，都要找人來比個高下。對我自己，我好奇的是那個可愛的春麗進入中年後，會變成什麼樣的模樣？

「金剛救美」的擁護者個性，就很有趣了。如果金剛腳下的美女換成生涯追逐的目標，無論是一桶金還是升官，那幾乎是所有上班族的故事了。這種性格的人希望每一次克服困難、跨越障礙都能有獎賞，跳過石頭往階梯爬去，他們對權力的渴望，也高於其他的電玩。

好了，你覺得自己的人生故事，被哪一種電玩性格說中了？當年這群快打英雄，現在笑看一代代的電玩傳奇，心中不知是滄桑還是似曾相識？就當一場遊戲一場夢吧，畢竟，不是每個愛玩超級瑪利歐兄弟的人，後來都嚮往當水管工人。

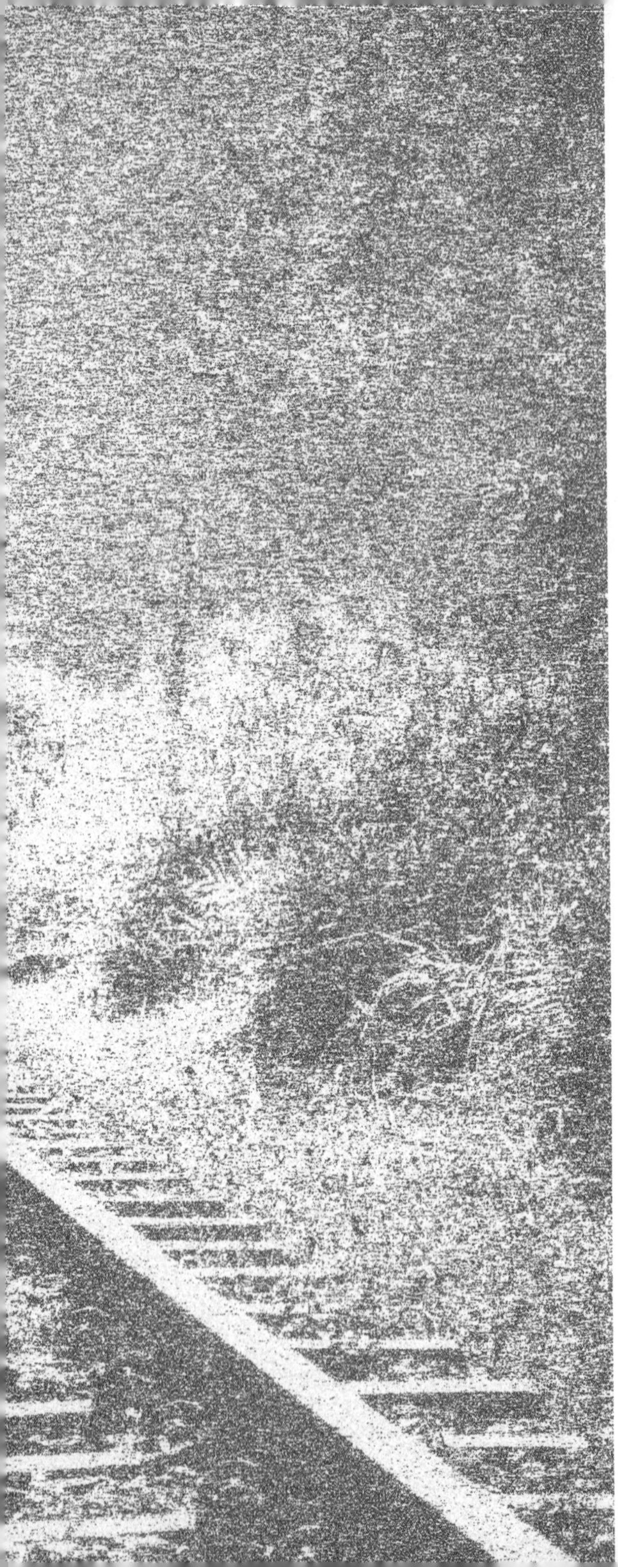

第五類

場

換場後重新出發

年金和慌心世代

這是一則選擇題：已經退休，或倒數計時的你，需要靠年金過日子嗎？

一、需要，我在退休前就把這筆錢算進人生的規劃。

二、還好，我一直保持投資和儲蓄。

三、不需要，你需要嗎？

在年金改革的聲浪中，我們見到越來越多關於自己的不確定感，這種感覺正在蔓延中。

這種不確定感就是，本來大批的軍公教和勞工在生涯的開頭，就會開始計算當自己退下來後，能夠領到多少錢，有了這樣的期望，足夠使整個世代的人安心工作。但是，如果這種計算要重新來過，來到工作生涯的盡頭一顆心沒有定下來，未來變成一個浮動的數字，那種不確定感就會跨越年齡的界限，出現在中老年人的身上。

心理學研究認為，當不確定感一直降不下來，就會變得不快樂、鬱悶，呈現出集體的焦躁。另一方面，定下來的感覺，大約出現在五十歲左右，到了這個年紀，許多人感嘆這輩子能夠做的事大概也就是這樣了，這個時候如果工作、家庭或經濟出現大變動，確實是心理的大課題。

人到了什麼時候會開始想到為未來做儲蓄？過去的研究顯示，四十五、六歲前是人生的揮霍期，覺得自己離老年還遠，賺錢是為了享樂，慢慢的，隨著年紀增長，要開始買保險、買基金、存定存，為將來做準備，現在的年金變動，則讓中年以上的世代心中產生一種慌張感，覺得當自己沒有工作以後，會不會變成典型的「月光光，心慌慌」，每個月的錢都要花光為止。

其實，台灣的中老年人這個世代，不僅要留錢給自己花，還要為下一代著想，年輕人買房子的第一桶金，多半都來自父母親，我覺得這符合心理學中「永續責任」的說法，也普遍存在受儒家影響的華人文化圈。我見到老爸爸老媽媽當上了祖父母，還要繼續操勞兒子的工作、女兒的婚事，同時還要幫小兒子繳房屋貸款。我印象很深刻，才幾年前的事，有對這輩子很少來過台北的父母親，有陣子都搭乘夜車來台北，要幫兒子看房子，兒子一通知他們哪裡有不錯的房子，他們就要上台北一趟，還捨不得坐高鐵，說是要省錢給兒子繳頭期款。我是這樣想，如果退休年金原先就在他們的理財規畫內，那種對未來的不確定感，就要一路從年輕人蔓延到中老年的世代。

經濟學家約翰·加爾布雷斯寫過一本《不確定的時代》，細述兩百年來，世界從確信到變得游移難定，我覺得可以確定的是，我們所擁有的一切都是不確定的，經濟學家建議，在年輕的時候做好理財規劃，同時也不要輕易相信任何關於未來獲利的承諾。

超高齡未來，你在哪裡

這是一則選擇題：二〇二五年台灣就將進入超高齡社會，那時候你幾歲呢？就你的看法，到時候台灣社會將出現什麼情景？

一、因為年輕人變少了，人力資源短缺，很多工作都找不到年輕人，加上人才被吸空外流，所以普遍的工作年限都必須加長，到時候八十歲還在上班的人比比皆是，七十歲還在開公共汽車和計程車的也比比皆是。然而，薪資可能會出現M型發展，七十歲以後的人力可能會面臨新低薪。

二、快速發展的機器人將取代服務業的人力需求，到時候，旅館、超市和百貨公司可能就會湧入機器人。這件事情，在也面臨超高齡化的日本已成為事實，家事用的機器人也將是下一個世代的熱門品。到時候，許多中老年人將開始學習與機器人相處的電子時代語言，機器人會替代兒女晚輩和老年人聊天，慰藉老年人的孤單心情。打電話到生命線，你聽到的可能是一個機器人溫柔的聲音。

三、到時候，長照將不是社會議題，而是每個人都會碰到的日常生活需要，年紀大一點的人是受照顧者，年紀輕一點的人必須為自己將來的長照費用加入保險，每個人在中年後將必須投保醫療險。大學和高中把照顧和老年學當作必修課，同時，由於中老年選票增多，選出多席代表老人心聲的立委和議員，不再會有縣市首長敢於取消敬老年金。預測在未來十年內，與老年相關的行業將蓬勃發展，取代照顧嬰幼兒的行業。

四、到時候，如果報紙和雜誌還在的話，為了適應中老年人的視力，都必須放大字體。為新手爸媽和育嬰所寫的書籍和雜誌，將大量被銀髮和長青族的內容所取代，關於失智症的文章隨處可見，為了防範老人家走失，手機業者將推出強調衛星協尋和定位的新機。到時候進入老年的世代，年輕時躬逢電視遊樂器的興起，許多復古的遊戲將乘勢推出，醫療界和心理醫生將會大力鼓吹中老年人玩益智類遊戲。

五、家庭和親子關係將大幅改寫，由於孩子越生越少，空巢症候群將成絕響，但老夫老妻間的對待和熟年離婚的議題躍為顯學，如何面對老年人的孤獨感和生命失落感，將躍上總統競選人的政見。中老年人成為社會的最大宗人口，餘命延長，又握有社會的發聲權，「兒童是現代的主人翁」不再有人提起，正式改成「兒童等一等，青年站一旁，五十歲還算小朋友。」

好吧，不管二〇二五年將會出現何種變化，可以確定世界將會越來越老，人類越來越擁擠，心情卻越來越孤獨。超高齡的未來，你會在哪裡呢？

往事可以如煙

這是一則練習題：

許多心理的問題都來自往事和記憶的糾纏，請你練習把一件痛苦難解的往事連結到手裡握住一塊石頭的感覺，感覺一下，這樣的感覺像嗎？

中年過後，還是免不了往事的糾纏，當然，一個人的個性和要處理的問題是延續的，不會因為年紀超越了中年大關就迎刃而解。就像是雨果小說《悲慘世界》中，改過自新的尚萬強，還是逃不過警探賈維的追捕。

昔日的心理障礙和陰影，如果沒有克服度過，像是心頭上長了一個瘤，隔沒多久，又會跑出來作怪。請試著分別握住一塊石頭、一根鐵釘，如果是更嚴重的心理問題，那就握住一根有刺的荊棘，感覺那種刺痛和不舒服，哪種東西的握感，能夠最適切的形容往事的糾纏呢？

這一代台灣中年以上的族群，活過白色恐怖、戒嚴和民主的時代，埋下了許許多多的陰影，也許那更像是空手握住了刀刃，心頭的血止不住。比較有名的就像是台北市長柯文哲，家族三代承受著二二八的陰霾，每當紀念日想起來總還是要流淚。在時代悲劇的籠罩下，家人的悲傷似乎隨著時間流逝而不停地轉換，也許家裡面都不再談論了，也許媒體的報導產生了一種滌情的效果，過了中年以後，那個心頭的債是要還的。

我昔日報社長官李永得遭警察臨檢，釀成了新聞風波。我也是看報導才知道的，李永得年輕時候留長髮，被警察叫到警察局剪掉了長髮，多年後，遇到相同的事件，似乎又喚起了他往日的記憶連結。當然，我們心裡都有個小小的「李永得」，當我們脆弱弱小，無法招架權威的進侵，那個權威的形象包括父母、老師、警察和所有霸凌過我們的人，當陰影形成後，即使日後我們強大了，有力量了，自己可以作主了，我們仍然沒辦法保護自己，不受到往事的侵略。

如果，你握在手裡是一塊堅硬的石頭，那種感覺永遠存在，石頭的硬度不會改變。在認知學派的心理治療裡，會讓憂鬱症患者在發作時，從握住石頭改成握一塊冰，冰很冷，握著很不舒服，但手掌的溫度卻可以融化冰塊，隨著時間消逝，你看，冰不是就融化了嗎？我們無法改變往事，卻可以改變對往事的態度。

作家章詒和回憶她父親的作品《往事並不如煙》中寫道：「我想，往事如煙，往事又不如煙。」寫這本書是這個女兒的自我救濟，我更喜歡李安的電影《臥虎藏龍》那個放開手掌的比喻，放開手掌，你才能夠握得更多。

甜蜜的十一月

這是一則練習題：

請將你的眼睛矇起來，由一名你信任的人牽著你前進，然後，你也可以試試要求將你的伴侶矇起眼睛，牽著他前進，分享彼此對這段經驗的感受？

心理學家李維森將生命比喻成四季，每個季節各有繁華。如果，將人生以八十歲來計算，每二十年就是一個季節的更替，這樣，六十歲以後就算是進入冬季，是大地休養的時候，人生的十一月，也大約六十五到七十歲左右。

這當然只是個大略的比喻，人生何時面臨冬季，心態上是不是已經迎接寒冬，這是相對的問題，如果一個人得了病，他的十一月，也可能在三、四十歲時就提早來臨。

佛家裡有個比喻，把每一天當作你的最後一天那樣來珍惜，但你的心總是維持著初心，我對初心一直保持著某種困惑，譬如，我就常想，六十歲後我看著一朵玫瑰，還能像我第一次看見玫瑰那般的心動嗎？初心人人會講，其實萬萬艱難。

佛家也說三界惟心，雪萊的「冬天來了，春天還會遠嗎？」是樂觀的自然主義，或者是唐朝的洞山良价禪師的詩，永遠知道四季總在如來藏的藏識中，四季只是一心的變幻，心當然也有四季的榮枯興衰。

永遠把每一天當作最後一天一樣的精進、持戒用功，一心不亂，對即將結束的生命不曾起心動念。好吧，但如果生了病，知道你的生命就將縮短，這個十一月，就將是你人生最後的十一月，你會選擇如何度過？

電影《一路玩到掛》提出一個資本主義式的人生哲學，就算人生將要結束也要用消費和遊樂來實現自己的心願。在古代吠陀思想中，最後的日子將至就像是老獅子的歸隱，引退到林間，祈禱、回想自己的一切，「我是個會被懷念的人嗎？」讓身心靈都漸次的回復安靜，也就是父母生我前生命的狀態，我們這輩子也許都曾幻想過自己在娘胎裡的模樣吧，就像是老子說的「未孩」：「衆人熙熙，如享太牢，如春登臺；我獨泊兮其未兆，如嬰兒之未孩，儽儽兮，若無所歸。」若無所歸，但終究也是要回去的，所有的宗教和人生哲學，不就在辨明一個歸去的方向嗎？

十幾年前基諾李維和莎莉賽隆合演的那部《甜蜜的十一月》，電影的主題是，就算你的生命就剩下眼前的十一月，西風凋零，伊人即將憔悴，但她突然在這個月遇見了真愛，那該怎麼辦呢？

電影中基諾李維兩度矇上眼睛，第一次是莎莉賽隆要他學習信任別人，第二次，當莎莉賽隆決定離開他的時候，又要基諾李維矇上眼睛，當他解開眼套時，戀人已經消失無蹤。甜蜜的是留在十一月的回憶，像我們人生所度過的所有河水，在老年的回想中，我們或許記得沿岸的風景，卻不記得每一滴水滴。然而，那些水滴造就了我們的撐舟行。有時，我希望自己只是別人回憶中的一滴水滴。

某個程度上，生命確實像是矇上眼睛向前行，你不知道自己將會遭遇什麼，在一場團體諮商的結尾時，諮商師真的就要眾人把眼睛矇起來，他發現有些人開始變得茫茫無助，好像他人生的所有價值就此消失，也有人安靜的坐著，心安理得，似乎所有命運的安排都不會動搖他。心理學家主張，日後，那些安靜的人較能夠適應生命的種種變動。

我最喜歡一名矇眼老人家的回答：「矇起眼睛，我趁機休息，開始回想我以前的很多美好的事。」如果能夠這樣，最後一個月，最後一天，除了相信，就還是相信。

這輩子的心願清單

這是一則練習題：

人生過了大半，還有多少心願藏在你心中，始終沒有實現的呢？有一天，找個時間靜靜地坐下來，把這些心願都寫下來，整理後，當作你這輩子的心願清單。

摩根費里曼和傑克尼柯遜合演的《一路玩到掛》，是許多人進到老年認真想執行心願清單的好理由。在電影裡，兩個癌末病人相遇相惜，有錢的富商開始幫忙好友完成這輩子未了的心願。

許多人對這部電影最深刻的印象，卻是麝香貓咖啡。在兩個西方老頭的心目中，從麝香貓的排泄物提煉咖啡實在是一個瘋狂的點子，據喝過的人說，只是味道濃了一點，台灣人什麼咖啡沒喝過？但人生就是這麼回事，沒喝過的東西，我們就是會拼命地想品嘗。

電影裡摩根費里曼的這張心願清單，很多計畫跟旅遊有關，譬如去香港玩、坐在金字塔上，或是「高空彈跳」這種一輩子來一次就足夠的冒險行動，也許一個專業導遊絲毫不覺得稀罕，卻是藍領的老人一輩子都無法想像的。所以，如果你也發心要來訂自己的心願清單，也不必是多偉大的心願，只要順著自己的心意，把心願一一的寫下來。當你這樣做時，你會覺得茫茫無靠的人生突然就有了奮鬥的目標，當歲月消逝，你是離你的心願越來越近，還是背道而馳？

你可能也會發現，在你的心願清單裡，最難以實現的，卻是那些與別人有關的項目，想跟多年未聯絡的女兒見一面，有時候比在萬里長城上騎機車還更難實現。

在現實世界裡，許多中年人閱歷經驗豐富後，多半會浮現出修補過往關係的心願，多年前姊妹間的冷戰、父子為了一件陳年往事不再連絡，過年時連一通電話也沒有，這些距離都待一一的化解。如果，有個老爸的心願清單寫著「和女兒再吃一頓飯」，重溫女兒小時候的溫馨情景，這名女兒的心願清單裡也有一項是「再吃一次爸爸包的水餃」，當彼此的心願得到交集，總會有心靈交契的時刻。

你的心願清單會隨著歲月而一直修改，但是，總會有一兩項是你這輩子最想實現的心願，把它放在你身旁，擱在你心上，當時機成熟，訂定實現的計畫。但也請你記住，有時候生命不是我們能夠完全控制的，當心願看來離我們越來越遠，也就把它放下吧。

那部電影最後，兩名老友合葬在喜馬拉雅山麓，完成心願中的第一項「看見真正雄偉的景色」。他們沒有實現的，還要靠我們繼續努力的那一項叫做「找到你生命中的喜悅」。

川普熱效應

這是一則選擇題：關於川普當選美國總統，如果你也差不多來到了這個年紀，請問你的感想是：

一、這是川普的個人魅力，別人可複製不來的。
二、這種事情只有在美國才可能，台灣連想也不要想。
三、原來，年齡並不是成就的限制。
四、哎呀，那要賺多少錢才夠。

川普當選美國總統，繼多年前的雷根後，又刷新最高齡總統的紀錄。對全世界許多和川普相同年紀，或正要朝那個年紀邁進的人來說，應該頗多啟示。至少關於七十歲的人能做什麼，或不能做什麼，我們，會不會有「有為者亦若是」的感觸。

川普是政治素人，這個素人的意思其實很廣，也就是說，不管我們在七十歲前從事的是哪種行業，當我們獲得了成就後，我們的未來應該還是充滿著機會，年紀一點也不會限制我們對未來的想像。中年以後，我們每個人都是某種素人。幾年前，川普在節目中那句「你被開除了」不僅行銷他個人的事業，也奠定他在美國人心目中的霸氣印象。

在選戰打得最激烈的期間，人們其實並不是很關心年紀的議題，關心的還不如說是健康吧。川普大秀健康報告，還找來醫生為他背書，希拉蕊只小川普兩歲，但她在典禮上差點昏厥的畫面，卻讓那陣子的民調下滑。在平均餘命一直往後延的時代中，七十歲看來只是個開始。我覺得這場美國總統大選最有意義的啟發是，我們對五十歲後中年和老年的計畫和想像應該大幅改觀了。什麼事情都有可能，不管到了那個年紀，都應該試試看。當川普出馬競選共和黨的總統提名人時，那些嘲笑、看笑話的人，怎麼想到七十歲的老人，最終能夠夢想成真。

川普也讓我們見到了美國人對理想家庭的圖像，他的花心往事顯然選民並不在乎，反而羨慕著他的美麗嬌妻，他受過高等教育又談話得體的兒女，和他那一大家族成員。沒有人是公平的，川普家庭享受著豪富階級的榮寵，但川普對兒女教育的投資顯然毫不手軟，也在選戰的關鍵時刻發揮作用。現代的家庭規模日漸縮小，照顧長者和投資兒女變成了天平的兩端，未來幾年內，川普的教育論，可能會成為顯學。

人生道路上，川普跌倒過，也爬起來了，他的成功來自對廣大的美國人民提出了保護主義論調。但是，過了中年關卡的這個族群反而受益於川普的力行哲學，好像他這樣的告訴著我們，年紀一點也不重要，拚拚看才知道有沒有機會，我們是不需要保護主義的。

夕陽值得無限好

這是一則練習題：

年輕時看過的漫畫或小說，有沒有設想過作者的心路歷程，或者他們面對和你相同的人生問題時，會如何處理？找一個你喜歡的作者，做一番想像練習。

像我這樣的四、五年級生，小時候大概就是在漫畫和金庸古龍的武俠小說堆長大的，但是，一本接著一本的日本漫畫中，看過的華人創作漫畫，就當推《老夫子》。

我沒有趕上葉逢甲的諸葛四郎年代，也沒有像羅大佑的歌那樣，好奇過誰搶到那隻寶劍，但老夫子就像兒時玩伴一樣熟悉，那四格漫畫附在雜誌或薄薄的單行本，看得輕鬆，卻照常深入人心，潛移默化成日後生活的潛規則，對老夫子、秦先生和大番薯處理問題的方法和態度，也變成大眾文化的一份子。

我是戰後出生的嬰兒潮第二代，從小就接受國民教育，對上一代受過日本統治，而後接受國民政府改朝換代，那種價值觀的翻轉和掙扎，我沒有深刻的體會。那種感受，常常是日後閱讀或是看電影才一點一滴的拼湊起來。來自香港的《老夫子》，則是香港橫越殖民和回歸近代大眾思想史的一頁對照，一個身體內同時存在兩種價值觀和兩種文化的人，如何精煉出老夫子這樣的個性。

用心理學性格論來看，其後對號入座的大有人在。有人要做集正義感和冬烘先生於一身的老夫子，有人欣賞大番薯憨憨而樂天的性格，而那位秦先生就像是西遊記中的沙悟淨，冷眼旁觀著孫悟空和豬八戒的人性象徵的鬥爭。孫悟空代表人性由平凡而超凡的昇華美德，豬八戒當然就是所有劣根性和貪婪的集合體，我想起《阿含經》中的一個比喻，人性不就是一場美德和劣根性的競賽嗎？當然，從人性到佛性，所有的美德都由遵守戒律開始。

我讀漫畫、看佛經，卻常想起佛洛伊德的自我、本我、超我的人性理論，如果說是老夫子和大番薯，老夫子就是超我，擁有極高的道德感，見義勇為，他被設定成老學究的模樣，似乎中國的儒家的人間體現就必然是一副老模老樣，孔子不也說，七十才從心所欲不逾矩嗎？在佛家裡也有相同的印象發展，我們腦海中的有德高僧和禪師，也多半呈壽者相。我覺得漫畫裡的老夫子過的是一種「我覺得我應該這樣過」的生活，那個大番薯作為作者潛意識中的反面教材，過的是「我就是要這樣過才舒服」的日子，得過且過，隨遇而安，隨時快快樂樂得過著他的生活，就算被眾人嘲笑或者在漫畫中被當成笑柄，也一點不以為忤。幾十年後，美國好萊塢才泡製出體型和個性都極類似的小小兵，竟然也造成風潮。因為，勤勞自持的年代已經結束，現在流行自我的逸樂年代。

我繼續思考著一個問題，如果闔上漫畫，思考我們自己的生命，當我們的年紀漸漸來到漫畫中的人物時，我們希望過老夫子還是大番薯那樣的生活呢？已經以高齡辭世的作者王家禧，生前有曾透露出心路歷程嗎？

我想起了安東尼昆飾演的希臘船王歐納西斯，電影中，得知自己已得了無可救藥的疾病，在生命的晚年，在夕陽西照的海灘跳起一支獨舞，那麼寂寞卻又如此美好的一支舞，好像老者藉著舞步在說，我的日子不多了，就如眼前的黃昏，但我認真地過著，認真地舞著，我已不再後悔。

老僧的圓寂也應作如是觀，突然覺得黃昏掩至，一燈如豆，微笑說道：「我這就要走了。」微笑以應，不昧輪迴。

這樣啊，不管有沒有接近黃昏，我們非常確定，夕陽值得無限好。

同理心地圖

這是一則練習題：

美國密西根州立大學做了一項研究，找來六十三個國家的十萬四千人，為世界各國的同理心程度作出排行榜，台灣名列第八，那麼，你覺得自己是個有同理心的人嗎？請寫出你自己做過，最有同理心的一件事，那是你多大年紀時做的事呢？

回答自己有同理心的人，想必不少吧。根據美國密西根州立大學的研究，同理心有地域的差別，繪製成一張世界地圖，顏色最深也最有同理心的洲是北美洲，非洲的顏色最淺，亞洲的顏色居中，或許隨著文明的程度增高，當地的人民的同理心也會增加，這可能是教育和社會風氣影響的結果，但厄瓜多和秘魯名列前矛，也顯示出當地印地安傳統，那種訓練孩子用老鷹的視野看事情的方式，具有某種教育效果。

但來問一個問題吧，年紀跟同理心會有關係嗎？會不會在老人人口較多的地區，同理心也會變強呢？試著問你自己，當你年紀增長後，你對待他人的態度曾經改變嗎？你越來越會想到別人的感受，心也開始變軟了？

在日文裡，同理心就是「共感」——共同的感受，從這個定義發展出許多同理心練習，通常就是把自己的想法和視界拉大，不要侷限在某個特定的觀點，納進別人的想法，也考量別人這樣講有沒有他們的道理。還有一個練習是做「非我的思維練習」，排除所有屬於我的想法。我曾聽一位六十多歲的大學教授說，當他過了六十歲，他就不再那麼堅持自己的想法，即便面對小他三十歲的年輕學生，他也願意耐心傾聽，這是年紀送給我們的禮物。

年紀越大，那種共同感受的方向就越濃厚。我有一次在松山衛生所聽兩名老人家聊天，談著工作和退休生活，他們幾乎分享著相同的語言，不約而同地發出嘆息，在同一刻說出「我們都老了。」我心想這是兩名老朋友的談話吧，沒想到下一刻他們各自離開，竟然只是萍水相逢。年紀漸長，我們的心慢慢的歸於同一個方向，找到了我們的共感。

變老了，我們切實地反省以前做過的許多傻事，為什麼不經意間的讓很多人難過呢，常常會想，如果時光倒流，我們再年輕一遍，也許就不會這樣說那樣做了，五十歲過後，你會不會覺得這種心態越形強烈，列出一張清單想一一找到他們說聲對不起，唉呀，有兩件事幾乎是可以確定的，第一，時光不會為你停留，第二，我們終於在人生接近黃昏的時段學會了同理心。

回到緩慢

這是一則練習題：

請你回想，當年紀增長，有哪些事情你會由快變成緩慢，寫下來，比如說，你吃飯的速度會變慢嗎？你走路的速度也變慢了嗎？慢，對你來說，意味著什麼呢？

我們比較年輕的時候，曾經捲起一股呼喚緩慢的運動，那大概是對資本主義過度強調快速的反動，相對於速度和走馬看花的人生態度，緩慢曾經如此的打動我們的心。

那股風潮曾經從義大利傳來慢食運動，風潮所及，還有一款速食麵改名為慢食麵，雖然成分其實一點也沒變，卻提高了價錢。好像只要是緩慢的，價錢就要提高。瑞士、丹麥、芬蘭縮短了工時，讓人民回家學習以較緩慢的步調生活。我們曾經讀過卡爾．目諾黑的那本《慢活》，深深的嚮往一個緩慢的桃花源，目諾黑提醒讀者事事感恩，讚賞自己、工作和情人，思考世界為什麼變得如此的快速？或者應該這樣問，為什麼文明使人變得瘋狂？

當時，我們多麼的年輕啊，以為緩慢也只是一股傳自西方的風潮吧，回到我們自己的現實裡，一切的成就和榮譽都是因為快速所得到的，從早晨趕搭第一班捷運望著滿滿的人潮搶進搶出開始，工作必須快速決定，承受速度的壓力得到物質的酬報，飲食的速度越來越快，漢堡的淘汰速度是以秒計算，以為我們跟不上進化的胃也聽從指揮；傳出一封簡訊就希望趕快得到回信，可能以為另一端的人是個機器人，情人以光速說著「我愛你」，也以光速結束戀情。我們讚美的永遠是速度，速度能夠得到桂冠，奧林匹克沒有一項比慢的競賽，年輕的我們甚至在心裡嘲笑著緩慢。時間，其實是我們的極限運動的場域，追求著在最短的時間內做得最多。

那是我們比較年輕時的事情了，現在，我們各自進入五十歲的場域，回首往事，生命變成一場嚴酷的檢驗，到了這個歲數，有種聲音才真正的變為主調：難道不能慢下來嗎？再慢一點吧？我們的生理和心態都得調整，那也許也是一個緩慢的過程，卻慢慢地發生著，招喚著我們進到一個緩慢的國度。我們重新閱讀卡爾·目諾黑，很多年輕時候擁抱的字句，到了中年後，才突然的豁然開朗。目諾黑講感恩，感恩的心態來自緩慢，也確是如此，沒有一句感恩的話可以匆匆講過。

年輕時看過提姆波頓導演的電影《艾德·伍德》此人是美國影史上拍過最多爛電影的導演，有一幕是強尼戴普演的伍德要過氣的吸血鬼演員馬丁蘭道聞一朵花，「快一點，不要拖。」導演這樣催促。老去的馬丁蘭道抬起眼，說：「但我想要好好的、慢慢地欣賞這朵花。」那是電影的發光處，所有中年人的心事，如果能夠回到緩慢，小小的一朵紅色的木槿花啊，讓流逝的時間也緩緩地慢下來吧。

讓我們不解的是，這個世界始終不願跟時間妥協，始終把生命當成一場衝刺賽，速度仍圍繞我們，但是年紀讓我們得以看見另一番的風景，在我們身上出現了轉變，就像是奔跑的車子換了慢檔，我們要用剩餘下來的時間好好的欣賞一朵花。我們放慢走路的步調，慢慢地思考，對各種選擇做出慎密的判斷，吃一顆漢堡，也願意品嘗滋味，想感謝那個無名的廚師。吃飯，也不再像以前那般性急，等著一道美食慢慢的烹調，慢慢的熬出味道。

有人說生命就是熬出火候，所有的功夫都需要時間，快不得的，偏偏我們活在一個快速轉動的世界，那麼，年紀讓我們有足夠的智慧要求，慢下來啊，時間多一些，做得少一些。

退休後的天空

這是一則問答題：

如果你還沒有退休，請問你預計要在幾歲退休？如果退休是一個連連看的題目，你覺得退休可以和哪些項目連在一起？提示：無聊、等死、快老、豐富、做自己想做的事、無奈的選擇……

提前退休，好像已變成了一種趨勢，在路上走，越來越常遇到退休的人們。隨著退休提早，我們對時間的觀念也跟著改變。過去的觀念是，退休後沒事情做，人會快老，這也使得台灣人的勞動勤奮在全世界名列前茅。現在，許多人開始懂得，在適當的時候踩剎車，也是生命的習題。

二戰後的嬰兒潮，現在開始面臨退休的選擇。這一大群人教育程度比前一代高，思想較開放，在經濟時起時落的浪潮間，轉換過工作跑道，他們應該經常出國旅行，具有國際視野，對於退休，有相當的心理準備。有人說他從工作第一天開始，就在準備退休金了。退休，就像轉換生命的跑道，一樣能有寬廣的天空。其實，就端賴你是怎樣在看待退休這回事。

有人計算退休後的經濟準備，早早就有一本退休帳簿。這種人就會盯著年金改革的議題不放，前陣子，還有人跟著到凱道抗議。但是，也有人早早做了打算，當了二十多年的老師，時間一到就退休，也不管收入是不是打折，從此遊山玩水大吟李白的詩。我有位文化界的朋友做了一輩子的行銷企劃，她說她的點子幾乎都已經枯竭，所以五十九歲不顧老闆的挽留決定退休，但這一來她離領勞保年金的年齡還差一年，還不急著申請年金，要等到滿六十歲後再提申請，這一年，就靠她自己的積蓄過日子，還自稱是「退休前的留校察看。」

退休，也不再只有去當志工，或是尋找事業第二春這些制式的生涯管道。季光從報社退休後，除了臉書外，就很少再見他寫過去那些精彩的政治評論。他似乎不再懷念過去當記者的風光生涯，天南地北到處去賞鳥，照了照片貼上臉書和好友分享，還去台北車站後頭買原料，自製清潔劑分送朋友。中秋節前，季光在臉書徵求柚子皮，要做天然的清潔劑，許多朋友乾脆連柚子一起寄給他。「下次我要徵求龍蝦殼，看看有沒有人會連龍蝦也送給我。」季光說，這是他退休以前從沒有想過的興趣，但退休後有了時間東摸摸西碰碰，也碰撞出了以前沒有過的一片天地。他還想去買一台麵包機，學著自己做麵包。

退休後懷念以前的生活嗎？許多人說，也沒有懷念的問題啦，因為生命走到了這階段，退休就等於是轉換了另一個生命跑道，照樣是一片藍藍的天空等著。

活到老，更有理由學到老

這是一則是非題：

一般人上小學的年紀是六歲，但你覺得依照人的身心發展狀況，過了五十歲甚至六十歲後，人還可以上小學嗎？

憲法規定人民有受國民教育的義務，所以，生活在台灣，我們已習慣六歲上小學、十二歲左右上國民中學的生涯發展模式，曾經在歐美盛行的生涯教育，也是用這種年齡動線作基礎的。

但是，以前的心理學家沒有想到，人類的壽命會一直往後延，在過去被當作生命目標已經完成，不管對自己的生命感到失望或滿足，七十歲以後，覺得也大概就是這樣了，現在，卻隨時有機會重寫。

我讀到一則來自尼泊爾的報導。六十八歲的杜爾佳．卡米喪妻後，為了逃離滿室的孤獨，決定上小學。

這不算太常見，尼泊爾的老師和學生也從懷疑到接納了這名老學生，現在他已從小學一路念到了高中，從老年失偶孤獨的命運到每天面對兩百名活潑的小生命，就成了這名老者最佳的心靈療癒劑。報導中，卡米說：「如果其他人發現有個白鬍子老人在上學，或許他們就會因此得到學習動力。」

學習，可以從任何年紀都重新開始，也可以為了任何的理由。有個六十幾歲的阿公，原本不會用電腦，卻為了想了解孫子的世界，和孫子溝通，開始使用電腦和手機，這種理由，真的非常的甜蜜。幾年前，台灣有個可愛的阿嬤，用台語的諧音學習背誦注音符號。現在在臉書粉絲團上，還可以看到這位阿嬤，努力的說著那些諧音。我只知道她小時候沒有上學，卻不知是為了什麼理由開始學習注音符號，也許過了七十歲以後，面對到處都見得到的文字符號，而興起了學習的欲望。

真的，不僅學習的年齡往後延，以前我們認定的各種年齡的限制，也開始出現了各種各樣的衝撞。退休後的生涯第二春，早已不是新鮮的話題，譬如說，前些年我去台大考碩士班，已經四十歲了，考試現場卻還有六十多歲的考生，揮舞著滿頭白髮應試，我內心裡非常敬佩他的精神，想我自己如果活到了六十歲，還能有同樣的毅力嗎？

六十歲以後的勇於嘗試，在現代的社會中好像還是異類，還會成為報導和勵志的題材。我相信再過幾年，六十歲的小學生和八十歲的大學生出現在我們周遭，會是美好人生的附加價值。

老去歲月，照樣迎光茁長

這是一則問答題：

> 你有沒有和老人家一起吃飯、一起活動的記憶呢？如果有的話，請你寫下記憶的內容。

台北萬華小德蘭天主教堂，是個頗有歷史的教徒朝聖地，當年巴昌明神父受盡中國的壓迫，在最艱難的時候發願，如果能活過來，將來要建一間天主教堂感恩聖母，於是有了這間教堂的建設故事。

教堂鄰近萬華的遊民集聚處，在萬華的老社區內，許多獨居的老人，在喪偶後原本注定著踽踽獨居、不再分享快樂的命運，然而，當小德蘭教堂設置成提供老人家休憩的新據點，曾經改變了幾位來到據點的老人家。

成立老人家的據點，面臨最大的問題常是，如何讓老人家一開始願意走出獨居的處所，來到這裡，開始一種新生活的試探，或者甚至在老來以後，培養出新的興趣。有些老人家已經習慣過去的世界，儘管那個世界已一去不回，但那是他們最豐華的年代，像一根麥穗懷念著上一次的豐收。

身體和心理的走出來就像麥穗從枯萎到重生，都必須是一種讓人放心或者舒服的過程，不能相逼，也不能過於目標工具化，這也是小德蘭這個新據點遵守的原則。在教堂的那片小菜園，種著空心菜、地瓜葉等容易生長的菜作，有老人家來到這裡，很快地就培養出了新的興趣，他每天要來為菜園澆水，照顧著這些作物成長，每片迎著陽光，呼吸著氧氣的葉菜，都經過他親手澆灌，哪種讓生命再生的延續感從他手中的澆水壺源源流出，是不管活到哪種歲數的人，都需要擁有的。

來到小德蘭，已過八十歲的老男人，配偶已經不在了，他們或許曾是一呼百諾的士官長，或許曾是辛勤了一輩子的公務員，也許從沒有在黃金的生命歲月，想像過老來的處境，但回到土壤，只是每天來給菜澆水的簡單任務，讓昔日的士官找回了昔日那依稀的聯繫。老士官淋下了清水，想像面前的菜圃就是士兵排，中央伍為準，聽著口令動作，雖然地瓜葉是學不會聽口令向右轉的，要他們茁壯長大的心從沒有改變，這是老士官的孩子，也是一名老人的兵。

是的，不管活到了哪種歲數，人最後應該回歸土壤，在泥土裡發覺成長真正的秘密。給它一點水，讓它照著足夠的陽光，在空氣的慈愛中，給老者一點發光的空間。

老去，是不是人生中的最艱難的時候？最後的歲月如何加值？我不由得想起巴昌明神父當年的心願，現在，讓我們幫助他們，一起度過最後的歲月吧，我記憶裡的，迎光面的小德蘭教堂。

這一生的美好缺憾

這是一則選擇題：你是否曾在回顧自己這一生時做了定位，你覺得自己？

一、人生失敗，想得到的沒得到。
二、總是在缺憾和成就間起起伏伏。
三、到目前為止，你滿足自己的人生。

中年過後，回顧的時間變長，經驗也變多了，有人已經退休，躊躇著自己下半輩子，有人懷念自己三、四十歲的外表魅力、體力和創造力，兩相對照，覺得中年真的百事哀。

女作家瓊安德森在一本書裡，提到她五十一歲在鱈魚角海灘遇見了心理學大師艾瑞克．艾瑞克艾瑞克森的老婆瓊．艾瑞克艾瑞克森，那年老婦人已經九十一歲，已是生命的閉幕前夕，一名老婦人和中年人的巧遇，就像是生命意義的傳承和重新尋訪。

瓊安德森寫道：「對我來說，這沙灘是介於海陸之間的一塊聖境，也是經歷種種蛻變的緩衝地帶，我可以在此哀悼某些結局，揭開新的序幕。沿著海灘漫遊，常為我帶來意想不到的禮物。」

眺望海平面時，往往瞥見無窮的可能性。我們需要藉由閱讀和別人的生命經驗，一再地說服自己相信，即使在人生的下半場，我們仍可尋獲種種可能性。你覺得這一生是缺憾多過完美，你想起的回憶總是遺憾多過了美麗的片刻，就把中年的這段歲月當作一個海灘，足跡雖被海水沖刷淹滅，但下一個夏日的海灘上，經歷蛻變的瞬間。

何其幸運的，瓊安德森遇見了另一名老瓊，「艾瑞克森是這座海灘送我的最大一份厚禮。某個濃霧瀰漫的二月天，我在海邊意外邂逅了這位老太太。當我自認失去一切之際，是她鼓勵我重新發掘自我。」「她曾在一首詩裡寫下這句話：『從我內心深處發掘最好的我。』」

我們已無法改寫歷史，過去錯過的和缺憾都將繼續存在，但老瓊為我們示範了另一種面對的態度：「我小時候犯過成千上萬的錯，那些過錯都成了我學習的沃土。現在我偶爾還會翻動一下土壤，因為我很可能只是一堆野草罷了。」

慢慢的，過去的缺憾也會因為翻動而變為沃土，艾瑞克森這位心理學大師終生奉行的「艾氏真理」即是——要摒除雜念、善用身體，展現更多活力而非消極面對人生，並依賴自己的感官去體會各種強烈的感受，而不要活得

「太嚴肅」。

她還透露：「我實在想不起來我是怎麼度過中年的，也從未經歷過許多中年婦女所要面對的沈悶生活，因為我有一份挑撥體內每股創造動力的工作，那份工作內涵豐富，使我的生活充滿刺激。」

「重點是一定要做些什麼，就算疊一座鵝卵石堆這麼簡單的事也好。行動總會帶來結果，你在不知不覺當中就進入下個人生階段了。」

人活過了中年，回過頭閱讀這些字句，對這一生那些美好的缺憾所能發揮的力量，也更加了然於心吧。

國家圖書館出版品預行編目(CIP)資料

中年後的心:記得這一生的美好和缺憾 / 呂政達著 .
-- 初版 . -- 臺北市 : 奇異果文創 , 2017.11
面; 公分 . -- (好生活 ; 11)
ISBN 978-986-95387-2-5(平裝)
1. 老年心理學 2. 生活指導

173.5 106019670

好生活 011

中年後的心:記得這一生的美好和缺憾

作者:呂政達
美術設計:舞籤

總編輯:廖之韻
創意總監:劉定綱
編輯助理:周愛華

法律顧問:林傳哲律師 / 昱昌律師事務所

出版:奇異果文創事業有限公司
地址:台北市大安區羅斯福路三段 193 號 7 樓
電話:(02) 23684068
傳真:(02) 23685303
網址: https://www.facebook.com/kiwifruitstudio
電子信箱:yun2305@ms61.hinet.net

總經銷:紅螞蟻圖書有限公司
地址:台北市內湖區舊宗路二段 121 巷 19 號
電話:(02) 27953656
傳真:(02) 27954100
網址:http://www.e-redant.com

印刷:永光彩色印刷股份有限公司
地址:新北市中和區建三路 9 號
電話:(02) 22237072

初版:2017 年 11 月 4 日
ISBN:978-986-95387-2-5
定價:新台幣 330 元